Peter P. Eckstein

Das Zahlwort im Sprichwort

Peter P. Eckstein

Das Zahlwort im Sprichwort

Ein Sammelsurium der besonderen Art

UVK Verlagsgesellschaft mbH · Konstanz
mit UVK/Lucius · München

Prof. em. Dr. habil. Peter P. Eckstein lehrte am Fachbereich Wirtschafts- und Rechtswissenschaften der HTW Berlin Statistik, Ökonometrie und Empirische Wirtschaftsforschung

Bibliografische Information der Deutschen Bibliothek
Die Deutsche Bibliothek verzeichnet diese Publikation in der Deutschen Nationalbibliografie; detaillierte bibliografische Daten sind im Internet über <http://dnb.ddb.de> abrufbar.

ISBN 978-3-86764-845-5 (Print)
ISBN 978-3-7398-0407-1 (EPDF)

Einbandgestaltung: Susanne Fuellhaas, Konstanz
Einbandmotiv: iStock LP - gorbachlena

UVK Verlagsgesellschaft mbH
Schützenstraße 24 · 78462 Konstanz
Tel. 07531-9053-0 · Fax 07531-9053-98
www.uvk.de

Inhalt

1 Sprichwort und Zahlwort

1.1 Notizen zum Sprichwort

Vermutlich wie alle menschlichen Sprachen verfügt auch und vor allem die deutsche Sprache über einen breitgefächerten Katalog von sogenannten Sprichwörtern.

Der Begriff *Sprichwort* selbst stammt aus der mittelhochdeutschen Sprache und kann semantisch als ein „vielgesprochenes Wort" gedeutet werden.[1] In der lateinischen Sprache wird ein Sprichwort mit *proverbium* übersetzt, woraus sich wiederum zum Beispiel die sprichwörtlichen Kennzeichnungen *proverb* im Englischen, *proverbe* im Französischen oder *proverbio* sowohl im Portugiesischen als auch im Italienischen erklären lassen.

In einem weitgefassten Rahmen kann ein Sprichwort als eine Zusammenfügung von einzelnen Wörtern, Wortgruppen oder meist kurzen Sätzen gekennzeichnet werden, deren Zweckbestimmung darin besteht, Erfahrungswissen, Lebensweisheiten, Belehrungen, Hinweise und Zusammenhänge anschaulich, geistreich, kurzgefasst, einprägsam, mitunter auch sprachlich derb und grob, jedoch stets leicht nachvollziehbar verbal zu vermitteln.

Das sprichwörtliche Erscheinungsbild selbst ist wiederum mannigfaltig, worauf bereits die Etikettierungen von Sprichwörtern als Sprüche, Redensarten, Redewendungen, Reime, poetische Verse, Aphorismen in Form geistreich, kurz und treffend for-

---

1 Vgl. Der GROßE BROCKHAUS, Handbuch des Wissens in zwanzig Bänden, Fünfzehnte, völlig neu bearbeitete Auflage von Brockhaus´ Konversations-Lexikon, Leipzig 1934, Siebzehnter Band Schra – Spu, Seite 744

mulierter Gedanken, Allegorien in Gestalt bildhafter Gleichnisse, Zahlenrätsel oder geflügelte Worte hinweisen. Allein das letztgenannte Sprichwort-Etikett vom "geflügelten Wort", das auf den deutschen Dichter und bedeutenden Übersetzer griechischer und römischer Klassiker Johann Heinrich VOSS (*1781, †1826) zurückgeht, vermittelt anschaulich und semantisch nachvollziehbar die Botschaft „der vom Mund eines Redners zum Ohr eines Angesprochenen fliegenden Worte".[2]

Bereits an dieser Stelle bedarf es streng genommen keines weiteren Hinweises und Kommentars, dass allein die im Kapitel 2 vermerkten und „mit Zahlwörtern geschmückten Sprichwörter" nur eine vergleichsweise kleine Teilmenge aus einem großen Fundus der in der deutschen Sprache bekannten und lexikalisch aufbereiteten Sprichwörter kennzeichnen.[3] Gleiches gilt auch für die gesammelten und in den Kapiteln 3 bis 5 vermerkten poetischen, allegorischen, magischen und rätselhaften Zahlen.

Der allbekannte sprichwörtliche Reim

Wer die Wahl hat, hat die Qual.

kann im konkreten Fall als die Quintessenz einer zeitaufwändigen Suche nach Sprichwörtern, die mit Zahlwörtern geschmückt sind, gekennzeichnet werden.

---

[2] Vgl. BROCKHAUS, Enzyklopädie in 30 Bänden, 21., völlig neu bearbeitete Auflage, Leipzig, Mannheim 2006, Band 10, Seite 322

[3] Das angebotene Sammelsurium basiert auf den folgenden Lexika: i) DUDEN, Das große Buch der Zitate und Redewendungen, Dudenverlag Mannheim, Leipzig, Wien, Zürich, 2002 und ii) MACKENSEN, Lutz: Großes Handbuch der Zitate und Redensarten, Eine vollständige Sammlung von Zitaten, Sentenzen, Aphorismen, Epigrammen, Sprichwörtern, Redensarten und Aussprüchen, Verlag Buch und Zeit, 1988

1.2 Notizen zum Zahlwort

Der in einem ersten Augenblick etwas akademisch vertrocknet und spröde zugleich anmutende Begriff von einem Zahladjektiv ist ein grammatischer Begriff, der ein Adjektiv, also ein Eigenschaftswort kennzeichnet, das als ein Zahlwort eine Antwort auf die Frage „Wie viel?“ bzw. „Wie viele?“ impliziert.

Das Feld möglicher Antworten auf eine mengenbezogene Frage selbst ist breit und kann verbal zum Beispiel mit Hilfe von

- Kardinalzahlen *eins, zwei, drei* …
- Ordinalzahlen *erster, zweiter, dritter* …
- Bruchzahlen *Hälfte, Drittel, Viertel* …
- Gattungszahlen *einerlei, zweierlei, dreierlei* …
- Vervielfältigungszahlen *einmalig, zweimalig, mehrfach* …
- Einteilungszahlen *erstens, zweitens, drittens* …
- sowie unbestimmten Zahladjektiven wie *einzeln, verschieden, viel, wenig, zahlreich* usw.

bewerkstelligt werden.[4]

Beachtens- und notierenswert ist in diesem Zusammenhang der etymologische Ursprung des Substantivs *Zahl*, der im althochdeutschen Wort *zala* zu finden ist und semantisch mit „eingekerbtes Merkzeichen“ übersetzt werden kann.

Die umgangssprachliche Redewendung

… von dem, der einiges auf dem Kerbholz hat,

kann als ein bildhaftes Gleichnis dafür angeführt werden, das seit je her vor allem Schulden, erbrachte Leistungen oder Lieferungen in einer einfachen und fassbaren Form in Gestalt von Kerben auf einem Kerbholz oder von Strichen auf einem Merkblatt notiert wurden.

---

[4] Vgl. WAHRIG, Grammatik der deutschen Sprache, Bertelsmann Lexikon Institut, Wissen Media Verlag GmbH, Gütersloh, München 2005, Seite 230 ff.

Eine Betrachtung des Bierdeckels in der Abbildung 1 weckt auch heute noch Erinnerungen an die eigene Gymnasialzeit, als beim gemeinsamen Besuch mit Freunden in einem Schalkauer Wirtshaus eine Menge von bestellten Bieren von der Wirtin mit Hilfe von „gebündelten Strichen" auf einem Bierdeckel vermerkt wurde.

Abb. 1: Merkzeichen

Die Art und Weise, wie in der Abbildung 1 die acht Striche auf dem Bierdeckel vermerkt wurden, gewährt analog zur Abbildung 2 einen anschaulichen Zugang zu den fünf Fingern einer Hand bzw. zu den zehn Fingern beider Hände eines Menschen.

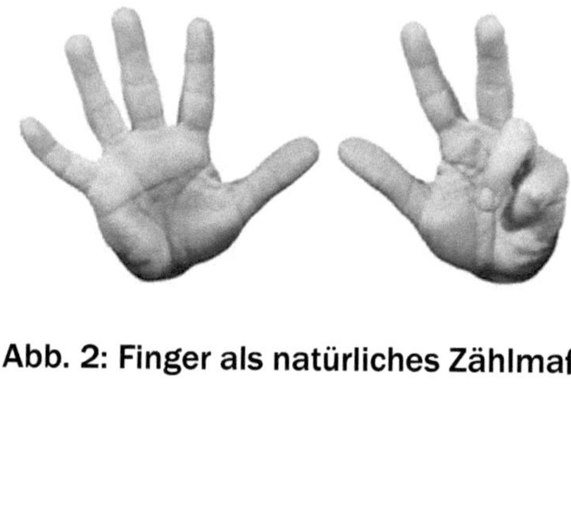

Abb. 2: Finger als natürliches Zählmaß

Von jeher fungierten die menschlichen Finger als ein natürliches Zählmaß vor allem für kleine Mengen von Elementen oder Objekten.

Augenscheinlich symbolisiert im Kontext der hand- und fingerbezogenen Anzeige das „Strichebündel" ~~IIII~~ die fünf gespreizten Finger der rechten Hand und in logischer Konsequenz das „Strichebündel" III die drei gespreizten Finger der linken Hand, die in einem additiven, also in einem zusammenzählenden Sinne insgesamt acht Kerben, Striche bzw. erfasste Vorgänge umfassen und zahlenmäßig beschreiben.

Allein, um zum Beispiel eine im Verlaufe einer Woche auf einem Hühnerhof gesammelte Menge von einhundertachtundzwanzig Hühnereiern merkzeichenmäßig zu erfassen, müsste man analog zur Abbildung 1 auf einem Merkblatt insgesamt vierundzwanzig Fünfer- und ein Dreier-Strichebündel vermerken.

Im Hinblick auf die Abbildung 2 wäre ein fingerbezogener Zählvorgang bildhaft vergleichbar mit einer Gruppe von dreizehn Personen, die sich mit erhobenen Händen in einer Reihe aufgestellt hätten, wobei die ersten zwölf Personen jeweils beide Hände mit fünf gespreizten Fingern und die dreizehnte Person eine zahlenmäßige Information analog zur Abbildung 2 anzeigen müsste.

Abb. 3: Römische Zahl

Vermutlich hätte im Mittelalter ein Mönch die im klösterlichen Hühnerstall im Verlaufe einer Woche gesammelten Hühnereier analog zur Abbildung 3 unter Verwendung römischer Zahlen mit der Zeichenfolge CXXVIII vermerkt.

Während das Grundzeichen C in Anlehnung an das Lateinische *centum* für *einhundert* steht, kennzeichnet das Grundzeichen X die Zahl *zehn*, das Hilfszeichen V die Zahl *fünf* und das Grundzeichen I in seinem Erscheinungsbild als eine Kerbe oder als ein Strich die Zahl *eins*. Im Sinne eines sogenannten Additionssystems ergibt sich ein Ergebnis von einhundert plus zehn plus zehn plus fünf plus eins plus eins, plus eins, also „in summa“ von einhundertachtundzwanzig.

Gleichwohl die beiden paradigmatisch skizzierten Zählvorgänge mittels Strichebündel oder römischer Zahlzeichen etwas skurril anmuten, lassen sie doch augenscheinlich werden, dass eine zahlenmäßige Erfassung einer vergleichsweise großen Menge von Elementen wohl möglich, aber nicht immer leicht handhabbar und praktikabel ist. Von elementaren arithmetischen Rechenoperationen etwa des Addierens, Subtrahierens, Multiplizierens oder Dividierens einmal ganz zu schweigen.

Doch halt! Im Vergleich zu den fingerbezogenen Strichebündeln lässt das in der Abbildung 3 als römische Zahl vermerkte Zählergebnis zumindest einen Vorteil augenscheinlich werden: Das zur zahlenmäßigen Beschreibung und Erfassung einer Menge von einhundertachtundzwanzig Hühnereiern erforderliche Ensemble von insgesamt fünfundzwanzig Strichebündeln lässt sich immerhin auf eine siebengliedrige Folge von vier wohl voneinander zu unterscheidenden römischen Zahlzeichen reduzieren.

Und wie ist das mit Hilfe von lediglich drei arabischen Ziffern vermerkte Zählergebnis von 128 zu deuten? Klar, das dreigliedrige Ziffernbündel 128 symbolisiert die verbal beschriebene Menge von einhundertachtundzwanzig Hühnereiern. Allein die Frage, nach einem Wieso und einem Warum erfährt nicht immer und überall eine sofortige und zugleich einleuchtende sowie überzeugende Antwort.

Eine nachvollziehbare Antwort gewährt die Abbildung 4 in Gestalt einer Wählscheibe eines traditionellen Telefons, in der das Ensemble der zehn einstelligen indisch-arabischen Ziffern von eins bis neun inklusive null dargestellt ist.

Abb. 4: Indisch-arabische Ziffern

Die Mächtigkeit des einziffrigen Zahlenbündels

$$\{1, 2, 3, 4, 5, 6, 7, 8, 9, 0\}$$

wird verbal mit dem natürlichen Zahlwort „zehn“ und als erste zweiziffrige natürliche Zahl mit dem Symbol „10“ in Gestalt der Ziffern 1 und 0 beschrieben.

In dieser prägenden „zweiziffrigen“ Eigenschaft fungiert die natürliche Zahl 10 gleichsam als die „Mutter und Namensgeberin“ des dezimalen Zahlensystems, das gemäß seiner Übersetzung aus dem Lateinischen ein Zahlensystem ist, das auf der Basiszahl *zehn* beruht und die Grundlage der uns alltäglich massenhaft umspülenden zahlenmäßigen Wertigkeitsaussagen bildet.

Im Blickwinkel der eingangs erwähnten Erscheinungsbilder von Zahlen und Zahlwörtern bzw. Zahladjektiven finden schlussendlich zum Beispiel mit

- $10^{-3} = 0{,}001$ als „Tausendstel“,
- $10^{-2} = 0{,}01$ als „Hundertstel“,
- $10^{-1} = 0{,}1$ als „Zehntel“,
- $10^{0} = 1$ als „Einer“,
- $10^{1} = 10$ als „Zehner“,

- $10^2 = 100$ als „Hunderter“,
- $10^3 = 1000$ als „Tausender“

  ⋮

- $10^6 = 1000000$ als „eine Million“ etc.

die aufsteigend geordneten und verbal gefassten dekadischen Wertigkeiten ihr mathematisches Erscheinungsbild als eine Potenz zur Basis 10.

In einer expliziten und stellenwertbasierten dezimalen Darstellung des Zählergebnisses von 128 Hühnereiern fungiert wegen

$$1 \cdot 10^2 + 2 \cdot 10^1 + 8 \cdot 10^0 = 100 + 20 + 8 = 128$$

die natürliche Zahl 10 als die Basis und die natürlichen Zahlen 1 und 2 sowie die neutrale Zahl 0 als die numerischen Träger des jeweiligen Exponenten in Gestalt einer Zehnerpotenz.

Die Zehnerpotenzen werden schlussendlich noch mit der jeweiligen einziffrigen natürlichen Zahl 1, 2 bzw. 8 faktoriell verknüpft bzw. „gewogen“ und final zum Zählergebnis „einhundertachtundzwanzig“ additiv zusammengefasst.

2 Die sprichwörtliche Zahl

2.1 Von der Eins bis zur Fünf

Null-Eins-Reim

> Mit der Eins fängt alles an, weil die Null nichts kann.

Mit diesem Zahlenreim, der Erinnerungen eines Erstklässlers an die Grundschulzeit weckt, betritt man ungewollt das „hohe Haus der Mathematik", dessen Eingangsportal analog zur Abbildung 5 mit einem Hexaeder geschmückt ist, der gemäß seinem griechischen Wortursprung ein Sechsflächner ist.

Abb. 5: Zahlenhexaeder

Beachtenswert sind in diesem Zusammenhang die sechs Symbole, die auf den sechs quadratischen Seitenflächen „eingraviert" sind.[5]

Im Hinblick auf den eingangs vermerkten Zahlenreim gilt das Interesse vor allem den beiden allbekannten Symbolen 0 und 1

---

[5] Eine anschauliche Erläuterung der auf dem „magischen Hexaeder" vermerkten sechs Zahlen, worin eine Vielzahl von beeindruckenden „konzertanten Zahlenauftritten" eingeschlossen ist, findet man bei: ECKSTEIN, Peter P.: Alea iacta est, Faszinierende Geheimnisse eines ungewöhnlichen Spielwürfels, UVK Verlagsgesellschaft mbH, Konstanz und München 2017

zur Kennzeichnung der neutralen Zahl Null und der kleinsten natürlichen Zahl Eins. Die restlichen vier Symbole ϕ, e, π und *i* kennzeichnen in der vermerkten Reihenfolge die irrationale Zahl des „goldenen Verhältnisses" Phi, die irrationale und transzendente Eulersche Zahl e, die irrationale und transzendente Kreiszahl π (lies: *Pi*) sowie die sogenannte imaginäre Einheit. Allein mit Hilfe dieser sechs Zahlen kann das weite Feld der Mathematik „zahlentheoretisch und arithmetisch einträglich bestellt" werden.

Offensichtlich bedarf angesichts der Abbildung 5 der eingangs vermerkte Zahlenreim einer Null-Korrektur, so dass er etwa wie folgt lauten könnte, wenn nicht sogar müsste:

> Die Null, dieses unscheinbare und leere Oval,
> ist wie die Eins eine mathematisch bedeutungsvolle Zahl.

Allein der Hinweis auf die „Null-Linie", die analog zur Abbildung 6 bildhaft als das Stufenniveau *null* bzw. als ein Treppenbeginn aufgefasst werden kann, indiziert das Gleichnis von der Zahl 0 als dem Ausgangspunkt allen Zählens und Messens.

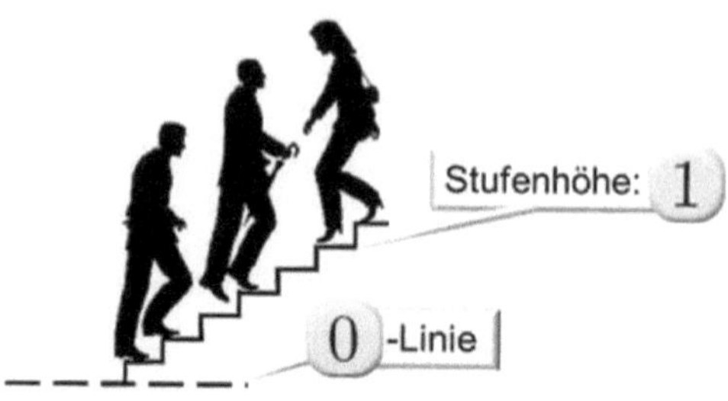

Abb. 6: Die Eins als Zahlenquelle

Und nicht nur das! Spätestens hier hat die Zahl 1 ihren ersten Auftritt auf der Bühne des numerischen und sprichwörtlichen Geschehens. Das bildhafte Gleichnis von einer Treppe mit einer Stufenhöhe von eins ist bestens geeignet, die gewaltige und schöpferische Kraft der ersten und kleinsten natürlichen Zahl 1 im Sinne einer „schier unerschöpflichen Zahlenquelle“ würdigend zu erläutern.

So kann zum Beispiel analog zur Abbildung 6 ein Treppenaufstieg über fünf Stufen „von der Höhe eins“ wegen

$$1 + 1 + 1 + 1 + 1 = 5$$

als die fünffache Addition der Zahl 1 arithmetisch protokolliert werden.

In einer kumulierenden Betrachtung, die gemäß ihrem lateinischen Wortursprung eine schrittweise Zusammenfassung indiziert, gelangt man unter Einbeziehung des „ursprünglichen und neutralen“ Summanden 0 wegen

$$\begin{gathered} 0 + 1 = 1 \\ 1 + 1 = 2 \\ 1 + 2 = 3 \\ \vdots \end{gathered}$$

in logischer Konsequenz zu einem gleichen Ergebnis.

In der Zahlentheorie ordnet man die Zahlenfolge 1, 2, 3, … der Menge der natürlichen Zahlen

$$\mathbb{N} = \{1, 2, 3, \dots\}$$

zu, die im Kontext des Kapitels 1.2 mit dem Etikett „Kardinal-, Grund- oder Hauptzahlen“ versehen wurden.

Im Hinblick auf das bildhafte Gleichnis von der Zahl 1 als „Zahlenquelle“ ist es auch üblich, in die Menge der natürlichen Zahlen die „neutrale“ Zahl Null einzuschließen und die erweiterte Menge

$$\mathbb{Z}^+ = \mathbb{N}_0 = \mathbb{N} \cup \{0\} = \{0, 1, 2, 3, \dots\}$$

als die Menge der positiven ganzen Zahlen darzustellen, die wiederum als eine Teilmenge der Menge der ganzen Zahlen

$$\mathbb{Z} = \{\dots, -3, -2, -1, 0, 1, 2, 3, \dots\}$$

aufgefasst und dargestellt werden kann. In Anlehnung an die Abbildung 6 wäre die Menge der ganzen Zahlen mit einem arithmetischen Protokoll nicht nur eines Treppenaufstiegs „aus den“, sondern auch eines Treppenabstiegs „in die“ mit negativen ganzen Zahlen markierten Kellerstufen zu assoziieren.

Beachtens- und erwähnenswert ist in diesem Blickwinkel der Hinweis, dass der verkannten und umgangssprachlich oft diskreditierten Zahl 0, diesem „leeren Oval“ und Symbol des Nichts, im zahlentheoretischen Sinne die bedeutungsvolle Funktion eines „Brückenbauers“ zukommt. Im wahren Sinn des Wortes baut die Null eine Brücke, die einen äquidistanten, also einen gleichgroß bemessenen Zugang von den positiven zu den negativen Zahlen und umgekehrt gewährt.

Aufgrund dessen, dass die sogenannte sprichwörtliche Zahl bis auf wenige Ausnahmen durch positive Zahlen getragen wird, ist es im Hinblick auf die nachfolgenden Betrachtungen noch geboten darauf hinzuweisen, dass die Menge der positiven ganzen Zahlen $\mathbb{Z}^+$ durch die Menge der positiven rationalen Zahlen

$$\mathbb{Q}^+ = \left\{0, \dots, \frac{3}{10}, \dots, \frac{1}{2}, \dots, \frac{4}{3}, \dots\right\}$$

erweitert werden kann, die im Kontext des Kapitels 1.2 unter der Rubrik „Bruchzahlen“ vermerkt wurden. Während die rationalen Zahlen gemäß ihrem lateinischen Wortursprung Zahlenverhältnisse auf der Basis natürlicher oder ganzer Zahlen kennzeichnen, symbolisieren die auf dem Hexaeder in der Abbildung 5 indizierten irrationalen Zahlen

$$\mathbb{I} = \{\dots \phi, e, \pi \dots\}$$

in Anlehnung an ihren lateinischen Wortursprung nicht fassbare und mit Brüchen nicht berechenbare Zahlen.

Einmalig

> Man lebt nur einmal auf dieser Welt.

Was ist besser geeignet, als dieses Sprichwort in Form eines Aphorismus analog zur Abbildung 7 durch einen Globus bildhaft zu unterlegen, der gemäß seinem lateinischen Wortursprung eine Nachbildung der Erdkugel kennzeichnet.

Abb. 7: Globus

Es bleibt wohl ein ewiger Wunschtraum, dass sich die Menschheit im Umgang mit sich selbst und der sie umgebenden und nährenden Natur an diesem Leitgedanken orientiert.

Gleich, wie man die folgenden Notizen persönlich auch bewerten mag, sie sind alarmierend: Gemäß dem sogenannten Erdüberlastungstag, der im Jahr 2017 bereits auf den 2. August datiert wird, konsumiert und verschmutzt die Menschheit mehr als die Erde in einem Jahr kompensieren kann.[6]

Nichts ist vollkommen

> Unter jedem Dach gibt es ein Ach.

[6] Vgl. Berliner Zeitung, Nummer 178, Mittwoch, 2. August 2017, Seite 2, Tagesthema: Alles aufgebraucht

Allein die Metaphern von einem „undichten Dach“ oder von einem „schiefen Haussegen“ erübrigen strenggenommen jeglichen weiteren Kommentar zur Erläuterung dieses eher zweifel- und schattenbeladenen als erheiternden sprichwörtlichen Reims.

Beachtenswert ist in diesem Zusammenhang die Zeichenkettenfunktion

$$X = \mathrm{CHAR.SUBSTR}(\mathrm{Dach}, 2) = \mathrm{ach},$$

mit deren Hilfe das Sprichwort auch in einem informationsverarbeitenden Sinne begründet werden kann, da die Zeichenkette *Dach* ab dem zweiten Zeichen die beklagend wirkende und einem Seufzer gleichende Zeichenkette *ach* indiziert.

Wahrhaftig

> Besser ein Ende mit Schrecken,
> als ein Schrecken ohne Ende.

Dieser Entschlossenheit verkündende Spruch wird dem preußischen Offizier im Range eines Majors Ferdinand VON SCHILL (*1776, †1809) zugeschrieben, als er mit seinem Freikorps gegen die napoleonischen Truppen kämpfte. Im Bestreben, den preußischen König FRIEDRICH WILHELM III (*1770, †1840) zum entschlossenen Handeln zu bewegen und eine allgemeine Erhebung gegen den französischen Kaiser NAPOLEON Bonaparte (*1769, †1821) auszulösen, verließ SCHILL eigenmächtig mit seinem Regiment Berlin und fand am 31. Mai 1809 bei den Verteidigungskämpfen in Stralsund den Tod.[7]

In der Abbildung 8 ist die 5-Mark-Münze abgebildet, die in der DDR im Jahr 1976 anlässlich des 200-jährigen Geburtsjubiläums von Ferdinand VON SCHILL herausgegeben wurde.

---

[7] Vgl. BROCKHAUS, Enzyklopädie in 30 Bänden, 21., völlig neu bearbeitete Auflage, Leipzig, Mannheim 2006, Band 24, Seite 256

Abb. 8: 5-Mark-Münze

Eins ist mitunter keins

> Eine Schwalbe macht noch keinen Sommer.

Das Sprichwort ist der Fabel 304 des legendären griechischen Dichters von Fabeln und Gleichnissen AISOPSO, auch als ÄSOP bekannt, entlehnt.

Demnach soll ein Mann seinen Mantel veräußert haben, weil er nach der Sichtung einer einzelnen Schwalbe davon ausging, dass der Sommer naht. Fortan musste er jedoch frieren, denn es bleibt kalt und die zu früh zurückgekehrte Schwalbe erfror.

Diese Redewendung ist auch im portugiesischen Sprichwort

Uma andorinha só não faz verão
nem um dedo só faz a mão.

zu finden, wonach weder eine Schwalbe einen Sommer noch ein Finger eine Hand machen. Das portugiesische Sprichwort erfährt dabei die nachfolgende sprichwörtliche Modifikation:

> Ein Ring macht noch keine Kette.

Gleich, welches der vermerkten Sprichwörter man bevorzugt, sie sind jeweils ein Hinweis darauf, dass man aus einer Kleinigkeit nicht zu viel schlussfolgern und/oder zu viele Erwartungen hegen sollte.

Einäugig

Unter den Blinden ist der Einäugige König.

Im Hinblick auf das indizierte sprichwörtliche Etikett, wonach ein Auge stets besser ist als kein Auge, ist im konkreten Fall eine Deutungsvielfalt denkbar und möglich.

In einem eher optimistischen Sinne ist es immer besser, sich für diejenigen zu entscheiden, die etwas wissen und können, als für diejenigen, die nichts wissen und können.

Eine eher pessimistische und zynisch wirkende Deutung verkündet die folgende Redensart:

Wissen ist Macht, Nichtwissen macht nichts.

Biblisch

Wer von Euch frei ist von Sünde,
der werfe den ersten Stein.

Abb. 9: Steinigung einer Ehebrecherin

Dieses zu einem geflügelten Wort gewordene biblische und in der Abbildung 9 dargestellte bildhafte Gleichnis von der Steinigung einer Ehebrecherin ist in den Büchern des Neuen Testaments im Evangelium des Johannes, Kapitel VIII, Vers 7, vermerkt. Demnach soll Jesus den anklagenden Schriftgelehrten und Pharisäer verkündet haben:

Wer vnter euch on sunde ist / der werffe den ersten stein auff sie.[8]

Gefährlich

> Wer in einem Glashaus sitzt,
> sollte nicht mit Steinen werfen.

Die Metapher vom Steinewerfen in einem Glashaus ist gleichsam wie das biblische Gleichnis von der Steinigung einer Ehebrecherin eine Mahnung zu selbstkritischem, bedachtem und nicht zerstörerischem Handeln. Dies gilt auch und vor allem für eigene charakterliche Schwächen und Unzulänglichkeiten, die man anderen nicht zum Vorwurf machen sollte.

Gleichwohl der Volksmund mitunter rechtfertigend und ermutigend verlauten lässt,

Scherben bringen Glück,

wird unser alltägliches Dasein durch die ernüchternde Erfahrungstatsache belehrt, dass eben nicht immer so ist.

Beharrlich

> Ein steter Tropfen höhlt auch einen Stein.

Diese sprichwörtliche Redensart wird dem altgriechisch-makedonischen Epiker CHOIRILOS von Samos (* um 470

---

8 Vgl. Martin LUTHER: Bibel „Die gantze Heilige Schrift“, Der komplette Originaltext von 1545 in modernem Schriftbild, Band 2, Edition Lempertz GmbH, Bonn 2004, Seite 2155 und 2156

v.Chr., † um 520 v.Chr.) zugeschrieben. In einem seiner fragmentarischen Gedichte über die Perserkriege heißt es:

Der Tropfen höhlt den Stein durch Beharrlichkeit.

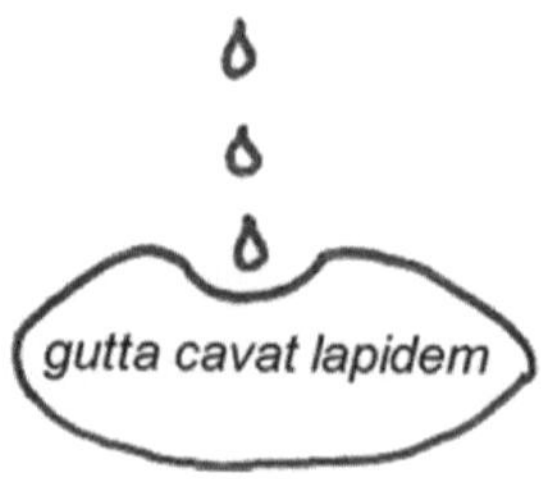

Abb. 10: Steter Tropfen

Die im bildhaften Gleichnis innerhalb der Abbildung 10 vermerkte lateinische Form, wonach der Tropfen den Stein höhlt, geht wiederum auf den römischen Dichter OVID (* 43 v.Chr., † 17 oder 18 n.Chr.) zurück.

Dass auch ein Eckstein als der erste und tragende Grundpfeiler eines Hauses durch stete Tropfen gehöhlt wird, ist eher unwahrscheinlich. Eher wahrscheinlich ist es dagegen, dass man bei einer Person gleichen Namens durch eine ständige Wiederholung einer Bitte oder einer Forderung letzten Endes ein angestrebtes Ziel erreicht bzw. einen gehegten Wunschtraum erfüllt bekommt.

Beruhigend

Ein blindes Huhn findet auch mal ein Korn.

Diese im Volksmund häufig zu vernehmende Redensart besagt, dass einem Unbegabten bzw. Unfähigen durchaus auch einmal etwas gelingen kann.

Unter Kegelbrüdern erfährt dieser Spruch mitunter eine ironische und zugleich erheiternde Modifikation: Das „blinde Huhn", auch „Rattenkönig" genannt, räumt bei seinem letzten

Schub wider aller Erwartung alle neun Kegel ab und bekommt für dieses im wahrscheinlichkeitstheoretischen Sinne seltene und unwahrscheinliche zufällige Ereignis von seinen überraschten Kegelbrüdern „einen Korn“ spendiert.

Wertschätzend

> Wer einen Pfennig nicht ehrt, ist eines Talers nicht wert.

Die Kernbotschaft dieses althergebrachten und merkantilistisch geprägten Sprichwortes, das man derzeit mit dem Münzgleichnis

Wer einen Cent nicht ehrt, ist eines Euros nicht wert.

umschreiben würde, lautet: Jemand, der mit kleinen Geldbeträgen achtlos umgeht, wird es nicht zu Wohlstand bringen.

Die Abbildung 11 beinhaltet der Anschaulichkeit halber einen deutschen Pfennig und einen preußischen Thaler. Interessant sind in diesem Kontext zwei historische Notizen: Zum einen lässt sich der Münzbegriff *Pfennig* aus dem althochdeutschen Wort *pfenting* ableiten, das ein kleines Stück Metall kennzeichnete. Über Jahrhunderte hinweg war ein Pfennig die Bezeichnung für die kleinste und niedrigstwertige deutsche Scheidemünze.

Abb. 11: Ein Pfennig und ein Thaler

Im Gegensatz dazu kennzeichnete ein Thaler bzw. Taler eine große Silbermünze, die erstmals ausgangs des 15. Jahrhundert in Tirol als Silberäquivalent eines Goldguldens geprägt wurde.

Seine eigentliche Bedeutung im Geld- und Zahlungsverkehr erfuhr ein Taler, auch Joachims-Thaler genannt, jedoch erst mit der Münzproduktion nach sächsischem Vorbild im böhmischen Sankt Joachimsthal eingangs des 16. Jahrhunderts. Mit der deutschen Reichsgründung 1871 und der Einführung der Markwährung war ein Taler mit einem Wert von drei Mark noch bis 1907 als Silbermünze im Umlauf.[9]

Bedenkenswert

> Eine Unze Praxis ist besser als eine Tonne Theorie.

Diese Lebensweisheit wird dem deutschen Philosophen, Gesellschaftskritiker, Unternehmer und kommunistischen Revolutionär Friedrich ENGELS (*1820, †1895), einem engen Freund und Mitstreiter von Karl MARX (*1818, †1883), zugeschrieben.

Inwieweit sich ENGELS mit seiner gewichtsbezogenen Metapher von einer „Unze" Praxis und einer „tonnenschweren" Theorie von GOETHES Faust hat inspirieren lassen, wo die Theorie und das praktische Leben nicht mit Gewichten verglichen werden, sondern Farbanstriche bekommen, bleibt eine bloße und doch nicht uninteressante Vermutung.

Johann Wolfgang von GOETHE (*1749, †1822) lässt in seinem Faust, der Tragödie erster Teil, in der Studierzimmerszene Mephistopheles zum Schüler sagen:

Grau, teurer Freund, ist alle Theorie
und grün des Lebens goldener Baum.

Ein gleichfalls bedenkenswertes, begrifflich verwobenes und gewichtsbezogenes Sprichwort wird gemäß der Redensart

Mitunter ist weniger mehr.

---

[9] Vgl. BROCKHAUS, Enzyklopädie in 30 Bänden, 21., völlig neu bearbeitete Auflage, Leipzig, Mannheim 2006, Band 21, Seite 325 und Band 27, Seite 6 ff.

mit der Abbildung 12 bildhaft untermauert, in der eine Unze als eine Masseneinheit für ein Edelmetall in Gestalt einer Münze verwendet wird.

Besser eine Unze geben als einen Zentner versprechen.

Abb. 12: Unze als Münzgewicht

Einmal unterstellt, dass es sich im Hinblick auf die Abbildung 12 um Feingoldmünzen handelt, dann würde zum Beispiel eine Unze Feingold eine Goldlegierung mit 99,99 % Massenanteil Gold kennzeichnen.

Aus historischer und traditionell merkantilistischer Sicht werden sowohl eine Tonne als auch ein Zentner sowie ein Pfund und eine Unze der Kategorie sogenannter Gewichtsmaße zugeordnet, wobei die folgende Regel gilt:

$$1 \text{ Tonne} = 10 \text{ Zentner} \approx 2205 \text{ Pfund} \approx 35274 \text{ Unzen.}$$

Eine Unze, die ihrem lateinischen Wortursprung nach ein Zwölftel eines Pfundes ist, wird dabei (insbesondere im Hinblick auf die indizierte Regel) mit 28,35 Gramm bemessen.[10]

---

10 Vgl. BROCKHAUS, Enzyklopädie in 30 Bänden, 21., völlig neu bearbeitete Auflage, Leipzig, Mannheim 2006, Band 28, Seite 419

Gleichwertig

An einem runden Tisch ist jeder Platz der erste.

Abb. 13: Runder Tisch

Im akademischen Alltag erfährt dieser durch die Abbildung 13 veranschaulichte Aphorismus mit dem lateinischen Terminus

primus inter pares

eine Modifikation. In der Professorenschaft einer Fakultät oder eines Fachbereichs kann ein gewählter Dekan als die Inkarnation eines „Ersten unter Gleichen" angesehen werden. Die Funktion eines Dekans selbst wiederum lässt sich aus historischer und etymologischer Sicht aus dem klösterlichen Dasein erklärten: Gemäß dem Lateinischen *dekanatus* war ein Dekan der Vorsteher von zehn Mönchen.

Wahrhaftig

Ein Zwerg wird nicht größer,
auch wenn er sich auf einen Berg stellt.

Dieses geflügelte Wort wird dem römischen Dichter und philosophischen Schriftsteller Lucius Annaeus SENECA, der Jüngere, (* um 4 v.Chr., † 65 n.Chr.) zugeschrieben, der bereits zu seinen

Lebzeiten einer der meistgelesenen Schriftsteller im „alten Rom" war und von Kaiser NERO zum Selbstmord gezwungen wurde.[11]

Leichtsinnig

> Wer mit einem Scheffel ausgibt und
> mit einem Löffel einnimmt, währt nicht lange.

Abb. 14: Löffel und Scheffel

Die merkantilisch geprägte Redensart vom Einnehmen und Ausgeben wird bereits durch die Abbildung 14 augenscheinlich und inhaltlich nachvollziehbar. Beachtenswert sind im Blickwinkel dieses Sprichwortes zwei Wortursprungnotizen: Während ein Löffel ein altrömisches Hohl- oder Volumenmaß ist, wobei

$$1 \text{ Löffel} \approx 0{,}167 \text{ Liter}$$

gilt, bezeichnet ein Scheffel eine alte deutsche Volumeneinheit für trockene Güter, die in den „deutschen Landen" unterschiedlich groß bemessen war. Im Unterschied zu einem preußischen Scheffel, aus dem wegen

$$1 \text{ Scheffel} \approx 55 \text{ Liter}$$

etwa 330 Löffel Getreide oder Mehl geschöpft werden konnten, musste man zum Füllen eines sächsischen Scheffels wegen

[11] Vgl. BROCKHAUS, Enzyklopädie in 30 Bänden, 21., völlig neu bearbeitete Auflage, Leipzig, Mannheim 2006, Band 25, Seite 30 ff.

1 Scheffel ≈ 105 Liter

nahezu 630-mal „löffeln“.[12]

Geschenkt

Einem geschenkten Gaul guckt man nicht ins Maul.

Abb. 15: Geschenkter Gaul

Die Botschaft dieser derben und in der Abbildung 15 plakatierten Redensart ist eindeutig: Über Geschenke sollte man sich freuen und diese weder kritisch beäugen noch missachten oder verschmähen. Im bäuerlichen Sprachgebrauch wird ein solches herablassendes Verhalten mit dem lakonischen Kommentar abgetan:

Pferde wiehern, Ziegen meckern.

Verfänglich

Ein Pfund Federn wiegt so viel wie ein Pfund Blei.

In der Tat steht man in der Gefahr, im Kontext dieses gewichtsbezogenen und vergleichenden Sprichwortes auf eine

---

[12] Vgl. BROCKHAUS, Enzyklopädie in 30 Bänden, 21., völlig neu bearbeitete Auflage, Leipzig, Mannheim 2006, Band 24, Seite 189

semantische Täuschung hereinzufallen, die durch die substantivischen Adjektive vom Federleichten und vom Bleischweren getragen wird. Die Gefahr, in eine semantische Falle zu tappen, wird im konkreten Fall durch ein gleiches Gewichtmaß von einem Pfund aufgehoben.

In Anlehnung an das altrömische *pondo* als „ein Pfund an Gewicht" war diese Gewichtseinheit in den „deutschen Landen" zum Beispiel als ein „Krämergewicht" mit

1 Pfund = 16 Unzen = 32 Lot = 128 Quentchen etc.

unterschiedlich bemessen und wurde erst mit der Einführung des Zollpfundes im Jahr 1858 durch den deutschen Zollverein auf

1 Pfund = 500 Gramm = ½ Kilogramm

festgelegt.[13]

Gleichwohl ein Pfund als Gewichtseinheit in Deutschland seit 1877 keine gesetzliche Gewichtseinheit mehr ist, ist es in unserer Alltagssprache etwa an der Fleischtheke einer Metzgerei vor allem bei Kunden aus der „älteren Generation" oft noch akustisch vernehmbar, indem zum Beispiel ein halbes Pfund und nicht 250 Gramm Gehacktes gekauft werden.

Unverfänglich

Ein Küsschen in Ehren kann keiner verwehren.

Analog zur Abbildung 16 gilt ein Küsschen auf eine Wange als ein unverfängliches Zeichen für persönliche Zuneigung.

Vor allem als Begrüßungs- oder Abschiedsgesten sind neben Umarmungen vor allem Wangenküsschen unter Freunden und Familien allgemein üblich.

---

13 Vgl. BROCKHAUS, Enzyklopädie in 30 Bänden, 21., völlig neu bearbeitete Auflage, Leipzig, Mannheim 2006, Band 21, Seite 354

Abb. 16: Ein Küsschen in Ehren

Hochwohllöblich

> Ein Quentchen Glück und ein Kärtchen Bier,
> das lob ich mir.

Dieser sprichwörtliche Reim ist beim Autor des Essays in bleibender Erinnerung an ein Wandbild in einem Schalkauer Wirtshaus, indem in alter Tradition analog zur Abbildung 17 die „schmucken Bierkrüge" von Stammgästen in einem kunstvoll geschnitzten Regal über dem Tresen jederzeit griffbereit „zur Schau gestellt" wurden.

Im Kontext der Randglossen zu einem „federleichten und bleischweren Pfund" wurde bereits vermerkt, dass im Sinne eines „Krämergewichts" ein Quentchen als ein Einhundertachtundzwanzigstel eines Pfunds galt, woraus sich wegen

$$500 \text{ Gramm} / 128 \approx 3{,}9 \text{ Gramm}$$

ein Gewicht von nicht einmal ganzen vier Gramm ergibt. Auch heute ist die umgangssprachliche Redensart

vom fehlenden Quentchen Glück

zum erfolgreichen Abschluss eines Vorhabens allgemein üblich. Während ein Quentchen sinnbildlich für eine kleine Menge oder ein geringes Gewicht stand und steht, ist vor allem im Oberfränkischen und insbesondere in der itzgründischen Mundart der Ruf nach *än Kättlä Bier* auch heute noch in einem Wirtshaus akustisch wahrnehmbar.

Abb. 17: Ein Kärtchen

Im ehemaligen Herzogtum Sachsen-Coburg war ein Kärtchen ein althergebrachtes Biermaß, das wegen

$$1 \text{ Kärtchen} \approx 0{,}506 \text{ Liter}$$

in etwa einem halben Liter entsprach.

Zum Mitsingen

> Ein Heller und ein Batzen, die waren beide mein,
> der Heller ward zu Wasser, der Batzen ward zu Wein.

Abb. 18: Batzen und Heller

Es ist wohl heute eine Ausnahmeerscheinung, dass in einem Wirtshaus die anwesenden Gäste gemeinsam singen. In herrlicher Erinnerung an die eigene Gymnasialzeit wurde im Wirtshaus unter anderem das als Reim vermerkte Lied gern gesungen und am lautesten die zweite Strophe:

Die Wirtsleut´ und die Madel, die rufen laut - oh weh,
die Wirtsleut´ wenn ich komme, die Madel, wenn ich geh´.

Beachtenswert sind im Hinblick auf die Abbildung 18 vor allem die beiden Münzen *Batzen* und *Heller*. Im 18. Jahrhundert galten zum Beispiel in Schwaben die Münzwertigkeiten

1 Batzen = 16 Pfennige = 32 Heller,

woraus sich die besungenen Zuordnungen eines Hellers zum Wasser und eines Batzens zum Wein selbstredend erklären.

Sach- und sacklogisch

> Aus einem leeren Sack
> kann der klügste Dieb nichts stehlen.

Abb. 19: Leerer und gefüllter Geldsack

Während im Hinblick auf die Abbildung 19 die Redensart vom leeren Sack keines weiteren Kommentars bedarf, findet die nachfolgende Redensart vom Füllen eines leeren Sackes ihr analoges Erscheinungsbild im umgangssprachlichen Gleichnis, wonach

… ein Nehmen leichter ist als ein Geben.

> Einen leeren Sack aufhalten ist leichter als einen füllen.

Kaufmännisch

Richtig zählen und ehrlich messen
darf ein Kaufmann nicht vergessen.

Abb. 20: Kaufmännisch

Bereits die mittelalterliche Zeichnung in der Abbildung 20 verweist auf einen althergebrachten und fundamentalen kaufmännischen Grundsatz, der zudem durch die Lebensweisheit

Ehrlich währt am längsten.

eine allgemeingültige Ergänzung erfährt.

Erfolgreich

Ein erfolgreicher Mann ist ein Mann,
der mehr verdient als seine Frau ausgeben kann.
Eine erfolgreiche Frau ist eine, die so einen Mann findet.

Dieser erheiternde und alles andere als lebensfremde und diskriminierende Männerspruch, der vermutlich durch eigene Erfahrungen untermauert ist, wird dem bekannten deutschen Schauspieler Mario ADORF (*1930) zugeschrieben.

Hinterhältig

Wer andern eine Grube gräbt, fällt selbst hinein.

Abb. 21: Eine Grube graben

Dieses allbekannte und in der Abbildung 21 plakatierte Sprichwort kennzeichnet eine Lebensweisheit, die vor unlauterem, trügerischem und hinterhältigem Handeln warnt, das einem selbst und schneller als gedacht einholen und gemäß dem Motto „wie du mir, so ich dir" erniedrigen und in ungeahnte Abgründe stürzen kann.

Unglaublich

Ein Unglück kommt selten allein.

Das eher düster wirkende Sprichwort von einem unglücklichen Zustand, der unerwartet wie

aus heiterem Himmel auf einem niederprasselt

und zugleich auch noch durch weitere schadenstiftende oder traurige Ereignisse überschattet wird, erfährt durch die Abbildung 22 eine ironische und eher erheiternd wirkende bildhafte Ergänzung.

Abb. 22: Aus heiterem Himmel

Das ironische Gleichnis vom Hasen, dessen Heißluftballon von zwei Igel-Fallschirmjägern, die alle verfügbaren Stachel ausgefahren haben, verfolgt und bedrängt wird, ist eine moderne Version des Märchens „Vom Hasen und vom Igel" der Gebrüder Jacob GRIMM (*1785, †1863) und Wilhelm GRIMM (*1786, †1859).

Im besagten Märchen der Gebrüder Grimm unterliegt der hochmütige Hase letztendlich im Wettlauf mit dem unscheinbaren, aber pfiffigen Igel und seiner Frau. Der Volksmund würde dieses bildhafte Gleichnis vom Unglück vermutlich noch durch den folgenden Spruch ergänzen:

Hochmut kommt vor dem Fall.

Beeindruckend

Der erste Eindruck ist bleibend
und bekommt selten eine zweite Chance.

Diese Lebensweisheit kann nicht nur auf zwischenmenschliche Beziehungen, sondern auf viele Erscheinungsbilder und Umstände menschlichen Daseins projiziert werden.

Einerseits können unglückliche Situationen, Vorurteile und Abneigungen einen ersten Eindruck oft zu Unrecht derart betonieren, dass andere, positiv ausgerichtete Wahrnehmungen chancenlos bleiben.

Andererseits kann in einem umgekehrten Sinne ein trügerischer Schein einen ersten Eindruck derart verklären und verblenden, dass sich in einem zweiten Anlauf eine klare und realitätsnahe Wahrnehmung im wahrem Sinn des Wortes gemäß dem Französischen *la chance* nur selten zu einem *Glücksfall* wandeln kann.

Misstrauisch

Ein gewarnter Mann steht für zwei.

Dieses Gleichnis vom gewarnten Mann würde man hinsichtlich seines doppelten Erscheinungsbildes vermutlich und intuitiv mit den Etiketten „Misstrauen“ und „Vorsicht“ versehen. Die volkstümliche und saloppe Redensart

Vorsicht ist die Mutter der Porzellankiste

unterstreicht diese begriffliche und etikettierte Intuition.

Doppelzüngig

Zwei Zungen in einem Mund sind nicht gesund.

Eine semantische Deutung des Begriffs von der Doppelzüngigkeit ist vielschichtig und reicht von Doppeldeutigkeit, Zwiespältigkeit über Scheinheiligkeit und Heuchelei bis hin zu Verlogenheit.

Abb. 23: Januskopf

Gemäß Abbildung 23 kann auch der sogenannte Januskopf als ein Sinnbild für Zwiespältigkeit interpretiert werden. Der auf einer altrömischen Münze aus dem dritten Jahrhundert vor Christus dargestellte Kopf mit zwei Gesichtern symbolisiert Janus, den römischen Schutzgott der öffentlichen Tore und Durchgänge, der zugleich nach innen und nach außen schaute.[14]

In diesem zweigesichtigen Erscheinungsbild war und ist der sogenannte Januskopf ein Inbegriff für dichotome Pole menschlichen Daseins, worunter einmal nur das biblische Gleichnis von Alpha, dem ersten Buchstaben, und Omega, dem letzten Buchstaben im griechischen Alphabet, erwähnt werden soll. Beide Buchstaben können als ein janusköpfiges Symbol für Anfang und Ende bzw. für Geburt und Tod gedeutet werden.

Zweiseitig

> Die zwei Seiten einer Medaille.

---

14 Vgl. BROCKHAUS, Enzyklopädie in 30 Bänden, 21., völlig neu bearbeitete Auflage, Leipzig, Mannheim 2006, Band 13, Seite 749

Die Allegorie von den zwei Seiten einer Medaille ist in unserer Alltagssprache omnipräsent und umspannt ein weites Feld inhaltlicher Deutungen und Interpretationen.

Der Begriff *Medaille* selbst hat seinen Wortursprung im Französischen und kennzeichnet eine aus Metall gegossene und geprägte Geld- oder Schaumünze, die im Hinblick auf die Abbildung 24 durch eine Zwei-Euro-Münze bildhaft dargestellt ist.

Abb. 24: Zahl und Wappen

Gleich, mit welchen Substantiven oder Adjektiven man ein zweiseitiges Erscheinungsbild verbal zu etikettieren gedenkt, ob mit Alternative oder alternativ bzw. mit Dichotomie oder dichotom, sie lassen sich eingedenk der Januskopf-Allegorie allesamt wiederum mit vielen anschaulichen bildhaften Gleichnissen unterlegen.

Bedient man sich einmal nur des Begriffes von einer Dichotomie, dann kann eine Liste dichotomer Erscheinungsbilder noch durch die Gleichnisse von Tag und Nacht, Licht und Schatten, Krieg und Frieden, Gewinn und Verlust, Mann und Frau, Auf und Ab, Ja und Nein, Zahl und Wappen etc. ergänzt werden.

Von den menschlichen Körperteilpaaren der Augen, Lippen, Ohren, Arme, Hände, Beine, Füße etc. einmal ganz zu schweigen.

Während eine Dichotomie gemäß ihrem griechischen Wortursprung einen Umstand kennzeichnet, der nur zweier Zustände fähig ist, indiziert eine Alternative gemäß ihrem lateinischen Wortursprung eine andere Wahlmöglichkeit bzw. eine Wahl zwischen zwei Dingen.

Apropos - Zahl und Wappen, oder besser: Zahl oder Wappen: Das Werfen einer Münze ist ein althergebrachtes, stets zufallsbedingtes und in der Regel nicht manipuliertes Hilfsmittel für eine dichotome Entscheidungsfindung.

Bezeichnet man der Anschaulichkeit halber die beiden gleichmöglichen zufälligen Elementarereignisse, dass beim einmaligen Werfen einer Münze entweder die Zahl ober das Wappen oben erscheint, mit

$$Z = \{\text{Zahl}\} \text{ und } W = \{\text{Wappen}\},$$

so leuchtet es intuitiv ein, dass die Vereinigungsmenge

$$Z \cup W = \Omega$$

die Ergebnis- oder Grundmenge

$$\Omega = \{\text{Zahl, Wappen}\}$$

(lies: *Groß-Omega*) des Münzwurfexperiments kennzeichnet, die auch als ein sicheres Ereignis aufgefasst werden kann, da „es sicher ist", dass beim einmaligen Münzwurf „entweder die Zahl oder das Wappen oben erscheint".

Analog ist es leicht nachvollziehbar, dass wegen

$$Z \cap W = \varnothing$$

die Schnittmenge aus den beiden Elementarereignissen Z und W eine leere Menge ist, die als ein unmögliches Ereignis

$$\varnothing = \{\ \}$$

gedeutet werden kann, da „es unmöglich ist", dass beim einmaligen Werfen einer Münze „sowohl die Zahl als auch das Wappen oben erscheinen".

Aufgrund dessen, dass die beiden gleichmöglichen Elementarereignisse Z und W als Ergebnismengen wegen

$$n(Z) = 1 \text{ und } n(W) = 1$$

jeweils nur ein günstiges Ergebnis beinhalten und in der zugehörigen endlichen Grundmenge wegen

$$n(\Omega) = 2$$

zwei gleichmögliche Ergebnisse gezählt werden, kann man die beiden klassischen Ereigniswahrscheinlichkeiten

$$P(Z) = \frac{n(Z)}{n(\Omega)} = \frac{1}{2} \text{ und } P(W) = \frac{n(W)}{n(\Omega)} = \frac{1}{2}$$

bestimmen, die in Würdigung des französischen Mathematikers Pierre Simon Marquis de Comte LAPLACE (*1749, †1827) auch als Laplace-Wahrscheinlichkeiten bezeichnet werden.

Da die beiden zufälligen Ereignisse Z und W eine gleiche Eintrittswahrscheinlichkeit besitzen, werden sie auch als „gleichwahrscheinliche Ereignisse" charakterisiert.

Aufgrund dessen, dass gemäß dem sogenannten Additionsaxiom

$$P(Z \cup W) = P(Z) + P(W) \text{ und } Z \cap W = \varnothing,$$

dessen Formulierung auf den russischen Mathematiker Andrej Nikolajewitsch KOLMOGOROV (*1903, †1987) zurückgeht,

$$P(Z \cup W) = P(Z) + P(W) = \frac{1}{2} + \frac{1}{2} = 1$$

gilt, hat man auch eine axiomatische und anschauliche numerische Begründung dafür gefunden, warum eine Wahrscheinlichkeit ein reellwertiges Maß zur Beschreibung zufälligen Geschehens ist, das stets nur Werte zwischen null und eins annehmen kann und ein sicheres Ereignis eine Wahrscheinlichkeit von eins zugwiesen bekommt.

Im Kontext der Betrachtungen zum zweiseitigen Erscheinungsbild einer Münze ist hier ein finaler Hinweis auf das sogenannte Pearsonsche Experiment angebracht, das in einschlägigen Fachbüchern oft und gern zitiert wird.

Demnach hat der englische Statistiker Karl PEARSON (*1857, †1936) eine Münze insgesamt 24000-mal geworfen und dabei eine relative Häufigkeit von $p(W) \cong 0{,}5005$ für das zufällige Ereignis W = {Wappen} beobachtet, das augenscheinlich nur geringfügig von der klassischen Ereigniswahrscheinlichkeit abweicht.

Das Pearsonsche Experiment ist ein anschauliches Beispiel dafür, warum man in praxi im Hinblick auf das sogenannte schwache Gesetz großer Zahlen und unter Beachtung spezieller Prämissen eine relative Häufigkeit als einen Schätzwert für eine (meist unbekannte) Wahrscheinlichkeit verwendet.[15]

Einträchtig versus zwieträchtig

Eintracht ernährt, Zwietracht verzehrt.

Abb. 25: Zankapfel

Mit seiner in der Abbildung 25 dargestellten Bronzefigur hat der deutsche Bildhauer Michael SCHWARZE (*1939) in Anlehnung an die griechische Mythologie ein anschauliches bildhaftes Gleichnis vom „Apfel der Zwietracht", auch Zankapfel oder Erisapfel genannt, geschaffen.

In der altrömischen Mythologie war CONCORDIA die Göttin der Eintracht und zugleich der Innbegriff für die Beendigung von Zwistigkeiten und für die Aufrechterhaltung eines friedlichen Miteinanders.

---

15 Vgl. ECKSTEIN, Peter P.: Statistik für Wirtschaftswissenschaftler, Eine realdatenbasierte Einführung mit SPSS, 5., aktualisierte und erweiterte Auflage, Springer Gabler Wiesbaden 2016, Seite 148

Im Gegensatz dazu war in der griechischen Mythologie ERIS die Göttin des Streits und des Uneinigseins. Das Wort von der Zwietracht selbst ist dem mittehochdeutschen Wort *zwithrat* entlehnt und gilt schlechthin als der Innbegriff des sich Entzweiens.[16]

Verpflichtend und einengend

> Die erste Gunst ist Gunst, die zweite schon Pflicht.

Dieses chinesische Sprichwort indiziert, dass eine erste freiwillige und hilfreiche Geste selbstlos ist. Allerdings haben Freiwilligkeit und Selbstlosigkeit auch ihre Grenzen, spätestens dann, wenn sie zur Pflicht werden.

Inwieweit sich der „wortgewaltige Fürst der deutschen Dichtkunst“ Johann Wolfgang von GOETHE (*1747, †1832) von diesem chinesischen Sprichwort hat inspirieren lassen, bleibt eine bloße Vermutung.

Im Faust, der Tragödie erster Teil, lässt GOETHE in der Studierzimmerszene Mephistopheles den verwunderten Faust ein „Gesetz der Teufel und Gespenster“ hinsichtlich ihres Erscheinens und Verschwindens erklären:

> Das erste steht uns frei, beim zweiten sind wir Knechte.

Wann und wo auch immer im Faustschen Sinne Teufel und Gespenster gedenken in Erscheinung zu treten, diese stets freie und unabhängige Entscheidung ist zugleich begrenzt und eingeengt, denn

wo sie hineingeschlüpft, da müssen sie hinaus.

---

16 Vgl. BROCKHAUS, Enzyklopädie in 30 Bänden, 21., völlig neu bearbeitete Auflage, Leipzig, Mannheim 2006, Band 6, Seite 37 und Band 8, Seite 286

Zu beachten

Unter Bäumen regnet es zweimal.

Und dies vor allem dann, wenn stürmische Winde an Blättern, Ästen oder Zweigen klebende Wassertropfen kraftvoll abschütteln - eine feste und lehrreiche Kindheitserfahrung.

Zweifelsfrei

Alles hat ein Ende, nur die Wurst hat zwei.

Diese in einem ersten Augenblick schlicht anmutende volkstümliche Redensart ist angesichts der Abbildung 26 allerdings schwer zu widerlegen.

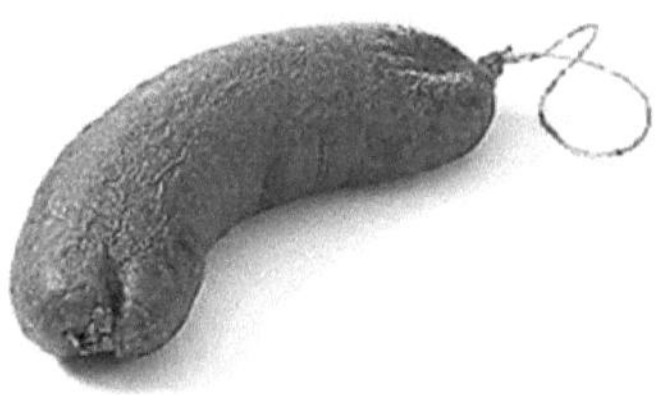

Abb. 26: Zwei Enden einer Wurst

In vielen Sprichwörtern erfährt diese Redensart eine Modifikation etwa derart, dass

… einem Ende auch immer ein Anfang innewohnt.

Gleichgültig, an welchem Ende man beginnt, eine Wurst zu verspeisen, hier hat jeder Anfang definitiv auch ein Ende.

Muttersprüche

Es müssen nicht alle heiraten,
die einmal zusammen gähnen.

Diese althergebrachte und in einem ersten Augenblick nüchtern und empathielos wirkende Redensart, die umgangssprachlich in die Kategorie der sogenannten Muttersprüche eingeordnet wird, beschreibt eine lebensnahe und trotz moralischer Gebote sich immer wiederholende Situation menschlichen Daseins.

Einmal ist keinmal, zweimal ist einmal zu viel.

Die numerisch geprägte, weit verbreitete und restriktive Redensart „einmal ist keinmal" ist dabei keineswegs nur auf „ein gemeinsames Gähnen" begrenzt. Individuelle Fehltritte, Fehlentscheidungen oder Regelverstöße markieren weitere breitabgesteckte Aktionsfelder.

Zur Heirat gehört mehr als nur vier nackte Beine ins Bett.

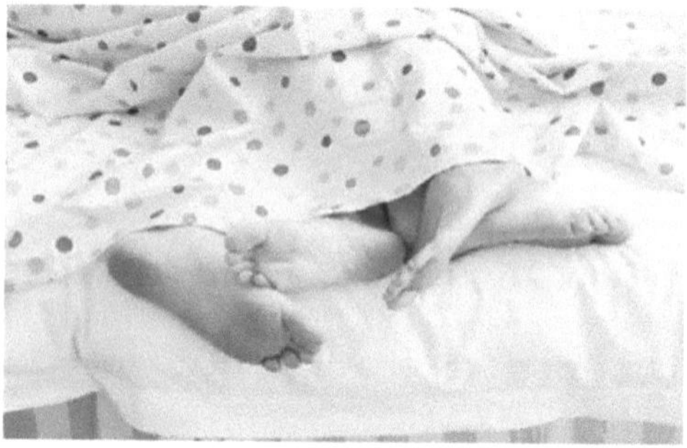

Abb. 27: Vier nackte Beine im Bett

Der bekannte linksliberale Publizist und brillante Satiriker der Weimarer Republik Kurt TUCHOLSKY (*1890, †1935) bedient sich in seinem fantastischen und heiteren Buch *Schloss Gripsholm* dieses Gleichnisses von den „vier nackten Beinen im Bett".

Inwieweit TUCHOLSKY, der auch unter den Pseudonymen Kaspar Hauser, Peter Panter, Theobald Tiger oder Ignaz Wrobel publizierte, diese althergebrachte Redensart von seiner Mutter zu hören bekam, bleibt eine bloße Vermutung. Im Gegensatz dazu würden Liebhaber und Verehrer des Buches *Schloss Gripsholm* im Hinblick auf die Abbildung 27 vermutlich eher die „nackten Beine" des Ich-Erzählers mit seiner Prinzessin Lydia erkennen wollen.

Junggesellen

Junggesellen leben nach dem Motto:
Lieber zwei Ringe unter den Augen, als einen am Finger.

Dieser erheiternde Spruch wird dem bekannten deutschen Schauspieler Mario ADORF (*1930) „in den Mund gelegt."

Hochzeitlich

Zum Heiraten gehören zwei.

Abb. 28: Brautpaar

Allein die Abbildung 28 von einem Brautpaar lenkt die Aufmerksamkeit auf eine Reihe beachtenswerter Randglossen: Gemäß seinem lateinischen Wortursprung kennzeichnet ein Paar zwei gleiche bzw. zwei zusammengehörige Dinge, woraus sich in logischer Konsequenz auch seine Funktion als ein Zählmaß mit

$$1 \text{ Paar} = 2 \text{ Stück}$$

erklären lässt.

In Anlehnung an das althochdeutsche Wort *brut* bezeichnet ein Brautpaar zwei „Verlobte“, die mit ihrer Hochzeit gemäß der althochdeutschen Wortgruppe *diu hoha gizit* „das hohe Fest“ ihres gemeinsamen Eintretens in eine Ehe feierlich geloben und begehen.

Was liegt in diesem Zusammenhang näher, als den deutschen Dichter Friedrich von SCHILLER (*1759, †1805) zu zitieren, der in seinem Gedicht „Das Lied von der Glocke“ Bräutigam und Braut im Vorfeld zu „des Lebens schönster Feier“ bedacht und eindringlich mahnt:

Denn wo das Strenge mit dem Zarten,
wo Starkes sich und Mildes paarten, da gibt es einen guten Klang.
Drum prüfe, wer sich ewig bindet,
ob sich das Herz zum Herzen findet!
Der Wahn ist kurz, die Reu ist lang.

Gleichwohl SCHILLER die Prüfung der Herzensfindung vermutlich auf ein Brautpaar unterschiedlichen Geschlechts projizierte, sind heutzutage auch gelebte gleichgeschlechtliche Paaroptionen von gesellschaftlicher Relevanz. In einer monogamen Ehe, die gemäß ihrem griechischen Wortursprung synonym auch als Einehe bezeichnet wird, sind aus kombinatorischer Sicht nur drei Paaroptionen denkbar, eine hetero- und zwei homosexuelle.

Man kann nicht zugleich auf zwei Hochzeiten tanzen.

Gleich, auf welcher Hochzeit man auch gedenkt zu tanzen, im Blickwinkel der Monogamie ist dieses Sprichwort zweifelsfrei eindeutig und logisch nachvollziehbar.

Was aber, wenn die Polygamie, also die sogenannte Vielehe auf die Bühne des Geschehens gezogen wird, obgleich sie gemäß dem Bürgerlichen Gesetzbuch in Deutschland nicht zulässig ist? Hier könnte ein Bräutigam mit seinen Bräuten zumindest theoretisch zugleich auf zwei oder mehreren Hochzeiten tanzen und das althergebrachte Sprichwort sinnentstellend erscheinen lassen.

Abgesehen von diesen spitzfindig und abartig wirkenden Randglossen wird mit diesem althergebrachten Sprichwort eine lebensnahe Botschaft verkündet: Man kann nicht immer alles Erwünschtes und Erhofftes gleichzeitig erreichen und besitzen.

Ehelich

Eine Ehe ist wie eine lange Mahlzeit,
die mit einem Dessert beginnt.

Dieses erheiternd wirkende, treffliche und lebensnahe Gleichnis von einer Ehe wird dem französischen Maler und Grafiker des sogenannten Post-Impressionismus Henri Marie de TOULOUSE-LAUTREC (*1864, †1901) zugeschrieben.

Apropos Ehe: Zyniker bringen dieses Palindrom, das übrigens vorwärts wie rückwärts gelesen einen gleichen Sinn ergibt, mit dem lateinischen Spruch

e(rrare) h(umanum) e(st)

in Verbindung, wonach „irren menschlich ist".

LORIOT, einer der vielseitigsten und bekanntesten deutschen Humoristen, dessen bürgerlicher Name Bernhard-Viktor Christoph-Carl VON BÜLOW (*1923, †2011) war, kommentierte diesen menschlichen Irrtum wie folgt:

Eine Scheidung ist die Korrektur eines tragischen Irrtums.

Zweierlei

Wissen und Meinen ist zweierlei.

Der Volksmund substituiert diesen spöttischen Aphorismus von einem Paar wohl voneinander zu unterscheidender und nicht immer zusammengehöriger Dinge auch mit dem Spruch von *einem Paar verschiedener Schuhe.*

Im Hinblick auf die sarkastisch wirkende Abbildung 29 ist die Lautstärke eines via Megaphon verkündeten Meinens vermutlich umkehrt proportional zur Bedeutungsschwere eines in Büchern verbrieften Wissens.

Abb. 29: Wissen und Meinen

Und als wäre es nicht anders zu erwarten, erscheint auch im Kontext dieses Aphorismus wiederum der diabolische Mephistopheles auf der Bühne des Geschehens, um Faust,

den Herrn Doktor, als einem so Hochgelahrten

sarkastisch und zugleich bedenkenswert zu verkünden:

Allwissend bin ich nicht, doch viel ist mir bewusst.[17]

Manuell

Eine Hand wäscht die andere und zwei das Gesicht.

Das in der Abbildung 30 linksseitig angebotene bildhafte Gleichnis, wonach „eine Hand die andere wäscht", beruht auf dem lateinischen Spruch

manus manum lavat,

---

[17] Vgl. GOETHE, Faust, Der Tragödie erster Teil, Studierzimmer

der dem römischen Dichter SENECA zugeschrieben wird und allegorisch für Unreinheit und auf Kungelei beruhendes und meist unlauteres Geben und Nehmen steht.

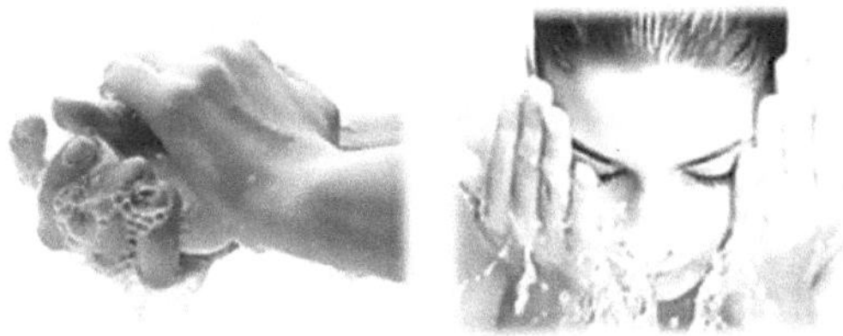

Abb. 30: Unreinheit und Reinheit

Im Gegensatz dazu werden mit dem bildhaften Gleichnis, wonach „zwei Hände das Gesicht waschen“, Reinheit, Wahrhaftigkeit und Glaubwürdigkeit menschlichen Handelns sprichwörtlich untermauert.

Wahrlich

> Wenn zwei das Gleiche tun,
> so ist es noch lange nicht dasselbe.

Ein nüchterner und kritischer Blick in unserer Alltagsleben genügt, um dieses althergebrachte Sprichwort neuzeitlich und exemplarisch zu begründen: Das heutzutage massenhaft zu beobachtende Phänomen des Telefonierens ist ein wahrhaftiges und zugleich kritisch zu betrachtendes Beispiel dafür, dass Telefonieren nicht gleich Telefonieren ist, vor allem dann nicht, wenn dies am Lenkrad sitzend beim Autofahren geschieht.

Vom Sehen und vom Hörensagen

> Besser einer, der´s gesehen, als zwei, die´s gehört.

Dieses Sprichwort wird in der Abbildung 31 durch die Allegorie von den drei Affen plakatiert, die im shintoistisch-buddhistischen Glauben als Götterboten über die Menschen Bericht erstatten und traditionell mittels der drei Posen vom

nichts Böses Sehen, Hören und Sagen

dargestellt werden.[18]

Abb. 31: Gesehen oder gehört

Das sprichwörtliche Gleichnis

vom Sehen und vom Hörensagen

ist vor allem im sogenannten Mikrokosmos menschlichen Daseins auch heute noch von substantieller Bedeutung. Im sogenannten Makrokosmos menschlichen Daseins wird es allerdings vor allem durch die Omnipräsenz der modernen Medien aus seinen fassbaren Angeln gehoben.

Der interessierte Leser wird alles andere als verwundert sein, dass GOETHE auch in diesem Kontext in seinem Faust den diabolischen Mephistopheles mit

Gewöhnlich glaubt der Mensch, wenn er nur Worte hört,
es müsse sich dabei auch was denken lassen.

einen passenden zynischen Kommentar verlauten lässt.[19]

---

[18] Vgl. BROCKHAUS, Enzyklopädie in 30 Bänden, 21., völlig neu bearbeitete Auflage, Leipzig, Mannheim 2006, Band 1, Seite 236

[19] Vgl. GOETHE, Faust, Der Tragödie erster Teil, Hexenküche

Unerträglich

> Zwei Gockel im Haus, einer muss hinaus.

In Anlehnung an die Abbildung 32 subsumiert man umgangssprachlich unter einem Gockel einen eitlen Mann oder verallgemeinernd die „gockelhafte" männliche Eitelkeit.

Abb. 32: Zwei Gockel

Vor allem im süddeutschen Sprachraum ist es üblich, einen Hahn in Gestalt eines männlichen Huhns als Gockel zu bezeichnen.

Abgründig

> Ein Dilemma ist ein zweigliedriger Scheideweg,
> der stets zu einem Abgrund führt.

Das Wort *Dilemma* wird in der Alltagssprache häufig „in den Mund genommen" wird, ohne dass sowohl sein Wortursprung als auch seine wörtliche Bedeutung immer sofort auch eine einleuchtende Erklärung finden.

Der etymologisch aus dem Griechischen stammende Begriff beschreibt im Allgemeinen „eine Zwangslage zwischen zwei

Übeln" und markiert im eigentlichen Sinn des Wortes „eine Wegscheide, deren zwei Wege stets zu einem Abgrund führen".

In der griechischen Mythologie sah sich gemäß der Berichte von HOMER der Held Odysseus auf der Heimreise von seinen abenteuerlichen und insgesamt zehn Jahre dauernden Seefahrten in einer Meeresenge mit Skylla und Charybdis konfrontiert.

Charybdis war ein gefährlicher Meeresstrudel, der dreimal am Tag das Meerwasser einschlürfte und als Strudel wieder ausspie.

Skylla war ein sechsköpfiges Meeresungeheuer, das wie ein junger Hund bellte, sechs Rachen und zwölf Vorderbeine hatte und in einer dunklen Meereshöhle unter einem Felsen wohnte.

Odysseus, der sein Schiff näher am Felsen der Skylla hielt, griff zu den Waffen und versuchte seine Männer vor Skylla zu schützen, konnte aber nicht verhindern, dass sie sechs von ihnen fraß.

Der Kampf mit den beiden Meeresungeheuern war für Odysseus im wahren Sinn des Wortes ein Dilemma.[20]

Im Nachhinein

> Könnte man alles zweimal machen,
> stünd´ es besser in allen Sachen.

Dieser sprichwörtliche Reim kann durch die Redensart, wonach man

… aus Fehlern klug wird,

ergänzt werden. Zyniker bedienen sich in diesem Zusammenhang gern der folgenden rechtfertigenden Redensart:

Im Nachhinein ist man immer schlauer.

---

[20] Vgl. LÜBKERS, Friedrich: Reallexikon des klassischen Altertums, Achte vollständige überarbeitet Auflage, Druck und Verlag von B.G. Teubner, Leipzig, Berlin 1914, Seite 213 und 958

Hätte, wenn und aber

Der Wennich und der Hättich sind zwei arme Brüder.

Diese Redensart bedient sich des Konjunktivs, der in der Grammatik auch als Möglichkeitsform gekennzeichnet wird und nicht reale, meist wünschenswerte Sachverhalte verbal zum Ausdruck bringt. In der Umgangssprache erfährt das „Hätte, Wenn und Aber" mit der Redensart

Ein Habich ist besser als zehn Hättich.

eine semantische und numerische Erweiterung.

Gewohnheit

Gewohnheit ist des Menschen zweite Natur.

Dieses geflügelte Wort wird dem römischen Redner CICERO (*106 v.Chr., † 43 v.Chr.) zugeschrieben, wonach gemäß dem lateinischen Aphorismus

consuetudo est altera natura

die Gewohnheit eine zweite Natur ist.

Beachtenswert ist in diesem Zusammenhang, dass in der deutschen Sprache die Gewohnheit selbst wiederum eine vielfältige Erwähnung erfährt. Allein die Redensart von der

Macht der Gewohnheit

soll hier einmal nur exemplarisch als eine ergänzende Randglosse vermerkt werden.

Eine poetische Beschreibung der Gewohnheit findet man unter anderem bei Friedrich VON SCHILLER (*1759, †1805), der im Trauerspiel „Wallensteins Tod" im ersten Aufzug, vierter Auftritt, „Wallenstein mit sich selbst redend" sagen lässt:

Denn aus Gemeinem ist der Mensch gemacht,
und die Gewohnheit nennt er seine Amme.

Als ein finaler Hinweis sei an dieser Stelle auf den deutschen Schriftsteller Heinrich MANN (*1871, †1950) verwiesen, dem die folgende Metapher zugeschrieben wird:

Die Gewohnheit ist wie ein Seil, an dem man alltäglich einen
Faden webt und es schließlich nicht mehr zerreißen kann.

Hilf- und lehrreich

Ein guter Lehrer ist besser als zwei Bücher.

Gleich, wie man aus individueller Erfahrung dieses Sprichwort bewerten mag, die Wahrheit scheint wohl auch hier „irgendwo dazwischen zu liegen".

In eigener Erinnerung an das Studium an der Harvard Business School, wo das geflügelte Wort

Tell me and I forget, teach me and I remember.

auf einem Plakat gut sicht- und wahrnehmbar vermerkt war, kann der Hinweis auf einen „guten Lehrer", der „die Kunst des Lehrens beherrscht", nicht dick genug unterstrichen werden. Es ist eine unbestrittene Erfahrungstatsache:

Erzähltes vergisst man,
Gelehrtes behält man in fester Erinnerung.

Und wie es nicht anders zu erwarten war und ist, hat auch der sprachgewaltige Johann Wolfgang von GOETHE noch einen hilfreichen, unumstößlichen und lehrreichen Hinweis parat, indem er im Faust, der Tragödie erster Teil, in der Studierzimmerszene den Schüler zum diabolischen Mephistopheles sagen lässt:

Das sollt Ihr mir nicht zweimal sagen …
Denn, was man schwarz auf weiß besitzt,
kann man getrost nach Hause tragen.

Erschöpfend

> Wer lernen will ohne Buch,
> schöpft mit einem Siebe Wasser in den Krug.

Die Redensart von den „zwei Seiten einer Medaille" scheint im Vergleich zum vorhergehenden Sprichwort ein geeigneter sprichwörtlicher Kommentar zu sein. Plötzlich ist ein Lernen ohne Buch ein misslungener Schöpfversuch. Umgangssprachlich wird „das Schöpfen mit einem Sieb" mit einem dummen und sinnlosen Handeln assoziiert.

Abb. 33: Schöpfen mit einem Sieb

Im Hinblick auf die Abbildung 33 sind die nachfolgenden Randglossen von Interesse: Sowohl ein Eimer als auch ein Krug bzw. eine Kanne sind zwei traditionelle und nichtmetrische Hohl- oder Volumenmaße, die aus historischer Sicht in den „deutschen Landen" unterschiedlich bemessen waren, wobei bis ins 19. Jahrhundert in etwa die folgenden Relationen galten:

$$1 \text{ Eimer} \approx 12 \text{ Krüge bzw. Kannen} \approx 12 \text{ Liter.}$$

Halb und halb

> Ordnung ist das halbe Leben,
> Unordnung die andere Hälfte.

Und wer hätte diese volkstümliche Redensart nicht trefflicher in ergänzende Worte fassen können als der wortgewaltige Dichterfürst GOETHE, der in seinem Faust, der Tragödie erster Teil, in der Studierzimmerszene den diabolischen Mephistopheles dem Schüler gegenüber belehrend verlauten lässt:

Gebraucht der Zeit, sie geht so schnell von hinnen.
Doch Ordnung lässt Euch Zeit gewinnen.

Halbieren und verdoppeln

Geteilte Freude ist doppelte Freude,
geteiltes Leid ist halbes Leid.

Diese beiden in einem ersten Augenblick widersprüchlichen Gleichnisse von „Freud´ und Leid" sind wohl eher aus emotionaler als aus mathematischer Sicht von Relevanz.

Reduzierte man der Anschaulichkeit halber den Vorgang des Teilens auf eine Zweiteilung, dann ließen sich die sprichwörtliche Freude F und das Leid L etwa wie folgt numerisch begründen:

$$\frac{F}{\frac{1}{2}} = 2 \cdot F \text{ und } \frac{L}{2} = \frac{1}{2} \cdot L.$$

Das Glück ist das einzige, was sich verdoppelt,
wenn man es teilt.

Dieses zum geflügelten Wort gewordene Gleichnis wird dem elsässischen evangelischen Theologen, Organisten, Arzt, Kulturphilosophen und Pazifisten Albert SCHWEITZER (*1875, †1965) zugeschrieben.

SCHWEITZER gründete 1913 in Lambaréné im zentralafrikanischen Gabun ein Tropenhospital, woraus sich auch seine würdigende Kennzeichnung als „Urwalddoktor" erklärt. Im Jahr 1952 wurde er für sein humanistisches Wirken mit dem Friedensnobelpreis ausgezeichnet.[21]

Gebündelt

Zwei sind ein Paar, drei sind ein Haufen.

Abb. 34: Paar und Haufen

Dieser aus dem Mittelalter stammemde Spruch wird in der Abbildung 34 durch zwei Kupferstiche des berühmten deutschen Malers und Grafikers des Humanismus und der Renaissance Albrecht DÜRER (*1471, †1528) bildhaft unterlegt: Linksseitig durch das Bild „Marktbauer und sein Weib" und rechtsseitig durch das Bild „Drei Bauern im Gespräch".[22]

---

21 Vgl. BROCKHAUS, Enzyklopädie in 30 Bänden, 21., völlig neu bearbeitete Auflage, Leipzig, Mannheim 2006, Band 24, Seite 626

22 Vgl. STRIEDER, Peter: Dürer, Bechtermünz Verlag Augsburg 1996, Seite 152 und 153

Auf beiden Kupferstichen ist im unteren Bildbereich das Monogramm des Künstlers erkennbar, das gemäß seinem griechischen Wortursprung die miteinander verwobenen Anfangsbuchstanden A und D seines Vor- und Nachnamens kennzeichnen.

Auch heute noch ist vor allem in der fränkischen Mundart

von a paar Leut´ bzw. von änn Hauf´n Leut´

die Rede, sobald sich zwei bzw. drei oder mehr Leute zusammenfinden, um etwas miteinander zu bereden.

Schadenfreude

> Wenn sich zwei streiten, freut sich der Dritte.

Mit diesem althergebrachten Sprichwort werden charakterliche Schwächen und Schattenseiten menschlichen Daseins offenbart. Es sind vor allem Neid, Gier und Missgunst, die oft im Zank und im Streit enden, der dann auch noch mit der Häme und Schadenfreude seine unwürdigen Begleiter findet.

Interessant und notierenswert ist in diesem Zusammenhang der Hinweis, dass in der englischen Sprache der deutschsprachige Begriff *Schadenfreude* üblich ist und semantisch mit

a feeling of pleasure at the bad things that happen to other people

in einschlägigen Wörterbüchern vermerkt wird.[23]

Klatsch und Tratsch

> Wenn zwei beieinander stehen,
> pflegt´s über einen Dritten herzugehen.

---

[23] Vgl. Oxford Advanced Learning Dictionary of Current English, Seventh edition, Oxford University Press 2005, page 1355

Das Sprichwort, das man mit dem umgangssprachlichen Etikett vom Klatsch und Tratsch versehen würde, ist ein Hinweis darauf, dass verächtliches und herabwürdigendes Gerede und Geschwätz über andere weitere Schattenseiten menschlichen Daseins kennzeichnen.

Rufmord

> Zwei können einen Dritten an den Galgen lügen.

Dieses aus dem Mittelalter stammende, martialisch klingende und durch die Karikatur in der Abbildung 35 veranschaulichte Sprichwort würde man heutzutage mit einem Rufmord assoziieren, der eine schwere öffentliche und den Ruf einer Person zerstörende Verleumdung kennzeichnet.

Abb. 35: Rufmord

Im 500-sten Jubiläumsjahr der Reformation würde man dieses Sprichwort noch durch das achte christliche Gebot

Du sollst nicht falsch Zeugnis reden wider deinen Nächsten.

im Sinne einer „kurzen mündlichen Belehrung“ ergänzen, das der Theologe und Reformator Martin LUTHER (*1483, †1546) in seinem „kleinen Katechismus“ in der ihm eigenen, kräftigen und unmissverständlichen Sprache formulierte.

Erfahrungstatsache

> Gast und Fisch bleiben kaum drei Tage frisch.

Dieser sarkastische sprichwörtliche Reim bezieht sich auf den unangenehmen Geruch eines Fisches, der „spätestens nach einigen Tagen vom Kopf her zu stinken beginnt“.

Umgangssprachlich werden mit diesem Gleichnis Situationen umschrieben und beschrieben, die belästigend und unerträglich werden bzw. sind, worunter unter anderen auch ein Gast und seine Entourage in einem Hotel oder im eigenen Haus zählen können.

Standfest

> Ein dreibeiniger Schemel wackelt nicht.

Dieses althergebrachte Sprichwort ist inhaltlich gleichbedeutend mit dem Hinweis auf Standfestigkeit und Verlässlichkeit.

Abb. 36: Dreibeiniger Schemel

Eine praktische Überprüfung verfestigt dieses bildhafte Gleichnis von einem standfesten und nicht wackelnden Schemel, der analog zur Abbildung 35 in Form einer kleinen und auf drei Beinen stehenden Sitzbank ohne Lehnen erscheint: Auf welchem Untergrund man ihn auch stellen mag, er gewährt stets ein festes Sitzen ohne Wackeln.

Drei Dinge

Aller guten Dinge sind drei.

Mit diesem Sprichwort wird der natürlichen Zahl drei eine besondere Bedeutung zugewiesen, die im Hinblick auf die nachfolgenden Kapitel des vorliegenden Essays durch eine Vielzahl sprichwörtlicher, poetischer oder allegorischer Gleichnisse unterlegt und ergänzt werden kann.[24]

Abb. 37: Drei unzertrennliche Brüder

Ein erstes Gleichnis gewährt die Abbildung 37 mit dem unterdessen mehr als sechzig Jahre alten Foto von drei unzertrennlichen Brüdern.

Ein zweites Gleichnis wird durch die Abbildung 38 mit den Insignien einer akademischen Graduierung anschaulich gemacht.

---

24 Eine Vielzahl von allegorischen Zahlengleichnissen findet man bei ECKSTEIN, Peter P.: Das alltägliche Kalenderblatt – Ein allegorisches Zahlenkaleidoskop, Rainer Hampp Verlag, München und Mehring 2011

Gemäß der lateinischen Redewendung

omne trium perfectum

werden die drei ihrem Range nach einzuordnenden akademischen Grade eines Bachelors, eines Masters und eines Doktors würdigend und schmückend umrahmt.

Abb. 38: Insignien einer Graduierung

Erwähnens- und beachtenswert ist in diesem Zusammenhang, dass der erste und niedrigstwertige akademische Grad eines Bachelors auf dem lateinischen Begriff *baccalaureus* basiert und in Anlehnung an handwerkliche Berufe mit „akademischer Geselle“ übersetzt werden kann.

Dementsprechend kennzeichnet der höherwertige zweite akademische Grad eines Masters in Anlehnung an den lateinischen Begriff *magister* einen „akademischen Meister“ und der höchstwertige akademische Grad eines Doktors in seiner Übersetzung aus dem Lateinischen einen „akademischen Lehrer“.

Zur Vermeidung von Missverständnissen und Fehlinterpretationen sei an dieser Stelle zudem noch vermerkt, dass ein Professorentitel kein akademischer Grad, sondern eine akademische Amtsbezeichnung ist, der im Hinblick auf den lateinischen Terminus *profiteri* eine Person bezeichnet, „die für ihre Anschauungen lebt und sich öffentlich bekennt.“

Da aller guten Dinge drei sind, soll mit einem dritten Gleichnis in Anlehnung an das russische Sprichwort

Бог любит тройцу,

wonach „Gott die Dreifaltigkeit liebt", schlussendlich noch darauf verwiesen werden, dass die Wurzeln des in Rede stehenden Sprichwortes in der christlichen Schöpfungsgeschichte zu finden sind, wonach Vater, Sohn und der Heilige Geist die heilige Dreifaltigkeit symbolisieren.

Beschwerlich

> Drei Dinge sind die Beschwernisse des Alters und der Krankheit: Furcht vor dem Tod, Schmerz des Körpers, Unterbrechung des Vergnügens.

Dieser Aphorismus wird dem bereits erwähnten römischen Dichter und philosophischen Schriftsteller SENECA zugeschrieben. Er beschreibt nicht nur altersbedingte Ängste und Sorgen, sondern zugleich auch altersunabhängige Albträume.

In der Psychologie, die gemäß ihrem griechischen Wortursprung die Lehre von den menschlichen Seele ist, werden Träume oder gedankliche Vorstellungen, die angst- und panikauslösenden Inhaltes sind, unter dem Begriff eines Albtraums subsumiert.

Der etymologische Ursprung des Wortes *Albtraum* selbst ist in der germanischen Mythologie zu finden, wonach „Alben" nicht nur für Menschenträume zuständig, sondern vor allem der Inbegriff schlechter Träume waren. Bildlich stellte man sich Alben meist in Gestalt eines Halbmenschen vor, die auf der Brust eines Schlafenden hocken und einen sogenannten Albdruck auslösen.[25]

Veränderlich

> Drei Dinge ändern sich geschwind:
> Weib, Glück und Wind.

---

25 Vgl. ECKSTEIN, Peter P.: Germanias Albträume – Eine demometrische Diagnose, Rainer Hampp Verlag, München und Mehring 2006, Seite 51

Gleich, wie man diesen aus dem Mittelalter stammenden und maskulin geprägten Spruch auch bewerten mag, zumindest die beiden letztgenannten Dinge werden definitiv durch einen jähren und oft nicht vorhersehbaren Wandel getragen.

Erquicklich

> Drei Dinge erquicken der Männer Leiber:
> Bad, Wein und Weiber.

Vermutlich wird mancher dieses mittelalterliche Sprichwort als nicht mehr zeitgemäß empfinden. Wenn man aber mit seiner geliebten Gattin auf dem Weinsteig in der Pfalz wandert und an einem Abend das angestrebte Tagesziel erreicht, findet dieses Sprichwort nicht nur männlicherseits, sondern auch und vor allem weiblicherseits eine erquickliche Zustimmung.

Nachahmenswert

> Drei Dinge schließen dem Arzt die Türe zu:
> Gelassenheit, Mäßigkeit und Ruh.

Vermutlich würde ein Arzt diesen sprichwörtlichen Reim noch durch das folgende geflügelte Wort zustimmend ergänzen:

In der Ruhe liegt die Kraft.

Ob ein Arzt allerdings der nachfolgend deftigen Redensart seine uneingeschränkte Zustimmung erteilen würde, bleibt fraglich.

Deftig

> Einmal essen ist göttlich, zweimal menschlich
> und dreimal viehisch.

Das als Etikett benutzte Adjektiv bzw. Eigenschaftswort *deftig* kennzeichnet ein Essen, das in Bezug auf seine Zutaten relativ einfach, dafür aber schmackhaft und sättigend zugleich ist. Dreimal im Verlaufe eines Tages deftig essen, ist wirklich viehisch.

Unheimlich

> Heimlichkeit ist einem zu eng, zweien gerecht
> und dreien zu weit.

Das aus dem mittelhochdeutschen Wort *heimelichkeit* stammende Substantiv „Heimlichkeit", das umgangssprachlich zudem durch solche Redensarten wie

heimlich, still und leise oder klamm heimlich

getragen wird, weist semantisch auf etwas Verborgenes, Geheimgehaltenes, Unbemerktes oder Verbotenes hin.

Im Gegensatz dazu wird mit der Redensart

von der verdammten Heimlichtuerei

ein geheim gehaltenes Agieren negativ und abwertend beurteilt.

Im Zeitalter moderner Kommunikation würde man das Sprichwort von der Heimlichkeit noch durch die sogenannte Buschfunk-Metapher erweitern:

> Was drei wissen, erfahren bald einhundert.

Bedenkenswert

> Es gibt dreierlei Wege, vernünftig zu handeln:
> Zuallererst durch Nachdenken – das ist der edelste.
> Zum zweiten durch Nachahmung – das ist der leichteste.
> Und zum dritten durch Erfahrung – das ist der bitterste.

Eine Lebensweisheit, die in ihrer Dreifaltigkeit keines weiteren Kommentars bedarf und erfahrungsgemäß in ihrer reversiblen Anordnung zur nüchternen und festen Lebenserfahrung wird.

Dummheit

> Nicht alle Esel haben vier Beine.

Abb. 39: Vierbeinig

Die Karikatur in der Abbildung 39 lässt einem bei genauerem Hinsehen das Lachen im Halse stecken bleiben. Das eingangs des zweiten Kapitels vermerkte Sprichwort, wonach wir nur einmal auf dieser Erde leben, erfährt im Blickwinkel dieser Karikatur eine sarkastische Modifikation.

Zyniker würden alle um die Zukunft der Menschheit besorgten Skeptiker versuchen mit dem Hinweis zu trösten, dass letzten Endes die Mutter Erde das oft dumme und unbedachte Menschheitskind überleben wird.

Der bedeutende und schaffensreiche englische Dramatiker William SHAKESPEARE (*1564, †1616) lässt in seinem Drama „Die zwölfte Nacht" im dritten Akt den Clown sagen:

Foolery, sir, does walk about the orb like the sun –
it shines everywhere.

Einen trefflicheren Kommentar kann man angesichts der Abbildung 38 im Allgemeinen und einer in absehbarer Zeit nahenden Klimakatastrophe im Speziellen wohl kaum formulieren: Ja, die Torheit geht wie die Sonne um die Erde – sie scheint überall. Und nicht nur das: Sie scheint zugleich auch noch eine schier unerschöpfliche Quelle menschlichen Daseins zu sein.

Geballte Kraft

> Einen Finger kann man brechen,
> fünf zu einer Faust geballte Finger nicht.

Das in der Abbildung 40 plakatierte bildhafte Gleichnis von einer geballten Faust wird dem deutschen Politiker und Kommunisten Ernst THÄLMANN (*1886, †1944) zugeschrieben.

Abb. 40: Geballte Faust

Das Symbol einer geballten Faust war zugleich auch das Symbol des Roten Frontkämpferbundes, dessen Leitung THÄLMANN 1924 übernahm.[26]

Nicht aufschieben

> Ein Heute ist besser und leichter als fünf Morgen.

---

26 Vgl. BROCKHAUS, Enzyklopädie in 30 Bänden, 21., völlig neu bearbeitete Auflage, Leipzig, Mannheim 2006, Band 27, Seite 292

Im Hinblick auf die Abbildung 41 erweist sich das bildhafte Gleichnis von einer Steinwaage als geeignet, diese sprichwörtliche und vergleichende Metapher vom gegenwärtigen, fassbaren und „leichterem“ Heute im Vergleich zum zukünftigen, ungewissen und „schwierigen“ Morgen bildhaft und anschaulich zu ergänzen.

Abb. 41: Ungleichgewichtig

Der Volksmund hat auch hier einen ergänzenden Reim parat:

Was du heute kannst besorgen, das verschiebe nicht auf morgen.

Bedenkenswert

Fünf Kluge sollen nicht harren auf einen Narren.

In der Abbildung 42 wird das althergebrachte Sprichwort durch einen im Vordergrund sitzenden Narren und durch fünf im Hintergrund platzierte „kluge“ Personen in mittelalterlicher und ständekennzeichnender Kleidung bildhaft untermauert.

Die fünf „Klugen“ werden durch einen Bischof als Repräsentanten des Klerus, einen Adligen, einen Landsknecht mit Lanze, einen Kaufmann und durch einen Schwert, Armbrust und Jagdhorn tragenden und augenscheinlich wohlhabenden Bauern oder Handwerker bildhaft dargestellt.

Vor allem im Blickwinkel mittelalterlicher Narrendarstellungen war ein Narr nicht nur die Bezeichnung für einen Dummen, einen Tölpel oder einen törichten Menschen, woraus sich das Synonym von einem „Tor" für einen Narren erklären lässt, sondern zugleich auch für einen Spaßmacher und Spötter sowie für eine Gestalt mit hintergründigem Witz und versteckter Weisheit.[27]

Abb. 42: Fünf Kluge und ein Narr

Das heutzutage im alltäglichen Sprachgebrauch akustisch kaum noch zu vernehmende Verbum „harren" kann mit einem über eine längere Zeit geduldigen und sehnsüchtigen Warten übersetzt und assoziiert werden. Der sprichwörtliche Reim

> Hoffen und Harren macht einem zum Narren.

weist auf eine Schattenseite des Harrens oder Verharrens hin: So mancher versäumt wertvolle Zeit in der trügerischen Hoffnung auf etwas, was vermutlich nie eintreten wird. Dahingehend sollen kluge Leute bei schwierigen Entscheidungsfindungen weder auf Tölpel noch Spaßmacher oder Spötter warten. Wenn schon, dann bestenfalls auf Personen mit versteckter Weisheit.

---

27 Vgl. BROCKHAUS, Enzyklopädie in 30 Bänden, 21., völlig neu bearbeitete Auflage, Leipzig, Mannheim 2006, Band 19, Seite 321

In diesem Sinne ist es geboten, eine weitere sprichwörtliche und bedenkenswerte Lebensweisheit zu vermerken:

> Alte soll man ehren, Junge soll man lehren,
> Weise soll man fragen, Narren schlicht ertragen.

Teuflisch

> Gib dem Teufel einen Finger,
> und er greift nach der ganzen Hand.

Dieses Sprichwort, das der englischen Redewendung

Give him an inch and he take an ell.

entlehnt ist, signalisiert Vorsicht und Bedachtheit insbesondere im geschäftsmäßigen Umgang mit unbekannten oder zwielichtigen Personen.

Überflüssig

> Wer möchte schon das fünfte Rad am Wagen sein.

Abb. 43: Handwagen mit vier Rädern

Dieses althergebrachte und in der Alltagssprache oft vernehmbare Sprichwort erfährt mit der Abbildung 43 eine nachvollziehbare und anschauliche Deutung.

Ein fünftes Rad an einem klassischen Handwagen mit seinen vier Speichenrädern wäre im traditionellen handwerklichen Verständnis eines Wagenbauers bzw. Wagners schlichtweg abstrus.

Semantisch kann dieses Sprichwort kurz und bündig mit dem Gleichnis von einem überflüssigen, vernachlässigbaren und/ oder verächtlichem Dasein assoziiert werden.

Platonisch

> Das ist so beeindruckend und faszinierend wie die fünf platonischen Polyeder.

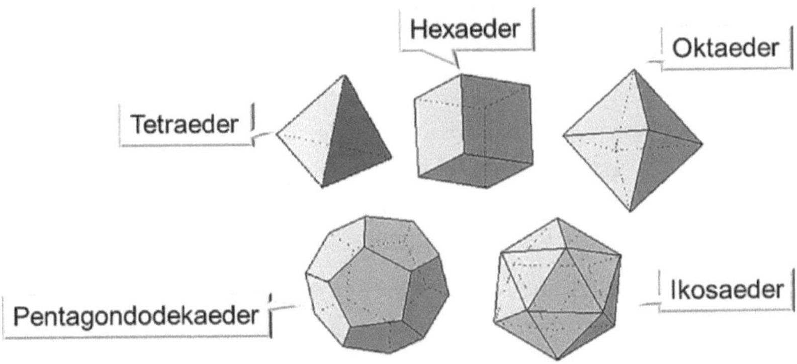

Abb. 44: Die fünf regulären Polyeder[28]

In der Stereometrie, die gemäß ihrem griechischen Wortursprung die Lehre von der Messung und Berechnung von Körpern ist, kennzeichnet man die in der Abbildung 44 plakatierten

[28] Vgl. Kleine Enzyklopädie Mathematik, VEB Bibliographisches Institut Leipzig 1977, 8.5 Polyeder, Seite 211 ff.

fünf regelmäßigen Vielflächner auch als reguläre Polyeder, da sie zum einen von regelmäßigen und deckungsgleichen vieleckigen Flächen begrenzt werden und zum anderen an jeder Ecke gleichviele Kanten zusammentreffen.

Zu den fünf regemäßigen Körpern oder Vielflächnern, die vermutlich in Würdigung des griechischen Philosophen PLATON (* 427 v.Chr., † 348/347 v.Chr.) auch als platonische Polyeder bezeichnet werden, gehören das Tetraeder als ein Vierflächner, das Hexaeder als ein Sechsflächner, das Oktaeder als ein Achtflächner, das Pentagondodekaeder als ein Zwölfflächner sowie das Ikosaeder als ein Zwanzigflächner.

Notierenswert ist in diesem Zusammenhang ein charakteristisches Phänomen, das in Gestalt der scheinbar einfachen Regel

$$e - k + f = 2$$

für alle fünf regelmäßigen Vielflächner gilt: Anzahl der Ecken e minus Anzahl der Kanten k plus Anzahl der Flächen f ist zwei.

Diese polyederbezogene Rechenregel, die zu Ehren des bedeutenden Mathematikers Leonhard EULER (*1707, †1783) auch als Eulersche Polyederformel oder als Eulerscher Polyedersatz bezeichnet wird, haben vermutlich schon der legendäre Mathematiker der griechischen Antike ARCHIMEDES von Syrakus (*ca. 287 v.Chr., † 212 v.Chr.) und mit Gewissheit der französische Mathematiker René DESCARTES (*1596, †1650) gekannt.[29]

Allein im Hinblick auf einen Spielwürfel in Gestalt eines regelmäßigen Hexaeders mit seinen 8 Ecken, 12 Kanten und 6 kongruenten quadratischen Flächen, auf denen die natürlichen Zahlen von eins bis sechs als Augenzahlen eingekerbt sind, gilt:

$$e - k + f = 8 - 12 + 6 = 2.$$

In Erinnerung an die eigene Gymnasialzeit hätte der „Mathepauker“ diese auf ein Hexaeder angewandte Polyederformel

---

[29] Vgl. BROCKHAUS, Enzyklopädie in 30 Bänden, 21., völlig neu bearbeitete Auflage, Leipzig, Mannheim 2006, Band 21, Seite 558 ff.

noch mit dem Kürzel q.e.d. geschmückt, das gemäß dem Lateinischen

quod erat demonstrandum

für den finalen Kommentar „was zu zeigen war“ steht.

Ja und Nein

Ein ehrliches Nein ist besser als fünf falsche Ja.

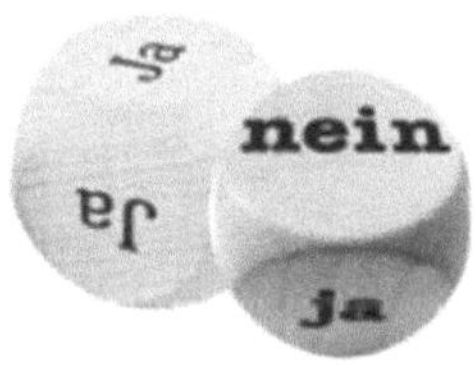

Abb. 45: Ein ehrliches Nein

Die Abbildung 45 wird das durch Zahlwörter getragene und geprägte Sprichwort mit dem Erscheinungsbild eines sechsseitigen Spielwürfels bildhaft unterlegt.

Das ehrliche Nein, das dem falschen Ja zahlenmäßig unterlegen ist, wird als eine positive menschliche Eigenschaft mit der nachfolgenden und gern benutzten Redensart wohl nicht zahlenmäßig, dafür aber moralisch und ethisch aufgewertet:

Ehrlich währt am längsten.

2.2 Von der Sechs bis zur Zehn

Hausfrauen-Arithmetik

> Was man für zwei Kreuzer haben kann,
> muss man nicht mit sechs bezahlen.

Abb. 46: Drei Kreuzer

Die Bezeichnung „Kreuzer“ ist ein volkstümlicher Ausdruck für das Grundnominal verschiedener kleiner Silbermünzen, die erstmals ausgangs des 13. Jahrhundert in Meran, Tirol, geprägt wurden und ursprünglich auf der Vorderseite zwei ineinander gestellte Kreuze zeigten. Kreuzermünzen waren vor der Einführung der Markwährung im Jahr 1871 vor allem im süddeutschen Raum sowie in Österreich und in der Schweiz als allgemein anerkanntes Zahlungsmittel im Umlauf.[30]

In Anlehnung an die auf Kreuzer bezogene Redensart sind in der Abbildung 46 der Anschaulichkeit halber zwei Einer-Kreuzer und ein Sechser-Kreuzer plakatiert.

Heutzutage wird man dieses finanziell überholte Sprichwort mit Gewissheit noch im schwäbischen Sprachraum von einer sparsamen Hausfrau zu hören bekommen.

---

[30] Vgl. BROCKHAUS, Enzyklopädie in 30 Bänden, 21., völlig neu bearbeitete Auflage, Leipzig, Mannheim 2006, Band 15, Seite 726

Reichlich

> Wo fünf essen, wird auch ein Sechster satt.

Heutzutage wird man in unserer doch so reichen und wohlhabenden Gesellschaft vor allem in urbanen Ballungsgebieten im Hinblick auf obdachlose und an den sozialen Rand geschleuderte Menschen unwillkürlich auf die Schattenseiten menschlichen Daseins aufmerksam gemacht.

Ein Essen in einer sogenannten Armenküche, das neben fünf Bedürftigen auch noch einen sechsten satt macht, ist zumindest ein erster Schritt in Richtung Menschlichkeit.

Davor und danach

> Vor dem sechsten Bier ist nicht nach dem sechsten Bier.

Im Unterschied zu den bisher angebotenen sprichwörtlichen Zahlenbetrachtungen ist die Abbildung 47 eher erheiternd als ernsthaft zu werten.

Abb. 47: Bierdeckel-Zerrbilder

Ein Jeder, der sich schon einmal in einem bayrischen Wirtshaus oder Biergarten zur abendlichen Stunde mit der Familie oder mit Freunden zum Durstlöschen „nur auf ein paar Gläschen

Bier" verabredet und getroffen hat, wird angesichts des abgebildeten Bierdeckels in den zwei Rotationsprojektionen „davor" und „danach" entweder ein Schmunzeln oder ein erheiterndes Lachen nicht vermeiden können und wollen.

Der bereits im Kontext der essayistischen Abhandlungen häufig zitierte Mephistopheles würde vermutlich im Hinblick auf die Abbildung 47 vom bierbedingten Zerrbild lakonisch und zynisch zugleich verlauten lassen:

Hast Du erst 'mal sechs Bier im Leibe,
siehst Du bald Helenen in jedem alten Weibe.

Würfeln

Die sechs Seiten eines gewöhnlichen Spielwürfels.

Abb. 48: Würfeln

Diese Redensart, die einem unumstößlichen Postulat gleicht, wird in der Abbildung 48 durch ein Bild ergänzt, dass mitunter viele wohlgesetzte Worte zu ersetzen vermag.

Man stelle sich einmal vor, ein „alter Germane" würfe einen solchen eckigen Stein.

Aufgrund dessen, dass ein gewöhnlicher Spielwürfel durch sechs kongruente und quadratische Flächen getragen wird, kennzeichnet man ihn in Anlehnung an das Griechische *hex* für „sechs" und *herda* für „Fläche" als ein Hexaeder.

Neben der bereits im Zuge der Betrachtungen zu den fünf platonischen Polyedern nachgewiesenen Gültigkeit der Eulerschen Polyederformel ist in diesem Kontext der folgende Hinweis interessant und notierenswert.

Bei einem gewöhnlichen Spielwürfel erfolgt die Anordnung der Augenzahlen in der Regel so, dass die drei Augenzahlpaare

$$(1; 6) \text{ und } (2; 5) \text{ sowie } (3; 4)$$

jeweils zwei auf der gegenüberliegenden Seite des Spielwürfels eingekerbte Augenzahlen symbolisieren, deren Summe wegen

$$1 + 6 = 7 \text{ und } 2 + 5 = 7 \text{ sowie } 3 + 4 = 7$$

jeweils sieben ergibt und schlussendlich die Summe aller sechs Augenzahlen wegen

$$7 + 7 + 7 = 3 \cdot 7 = 21$$

einundzwanzig ist. Auf diesen scheinbar trivialen numerischen Betrachtungen basiert die sogenannte Gaußsche Summenformel

$$S_n = \frac{n \cdot (n + 1)}{2},$$

die dem bedeutenden deutschen Mathematiker Carl Friedrich GAUß (*1777, †1855) zugeschrieben wird, wonach n eine beliebige natürliche Zahl und S_n die Summe der natürlichen Zahlen von 1 bis n symbolisieren.

Im Hinblick auf den eckigen Stein mit den eingekerbten Augenzahlen, den der alte Germane gemäß Abbildung 48 „würft“, ist wegen n = 6 und

$$S_6 = \frac{6 \cdot (7 + 1)}{2} = \frac{42}{2} = 21$$

die Summe der sechs Augenzahlen gleich einundzwanzig.[31]

---

31 Vgl. ECKSTEIN, Peter P.: Alea iacta est, Faszinierende Geheimnisse eines ungewöhnlichen Spielwürfels, UVK Verlagsgesellschaft mbH, Konstanz und München 2017, Seite 12 ff.

Bienenfleißig

> Für den Fleißigen hat die Woche sieben Heute,
> für den Faulen sieben Morgen.

Im Unterschied zu der sprichwörtlichen und numerisch nicht eindeutig zuzuordnenden Heute-und-Morgen-Arithmetik, die in der Abbildung 40 mit dem Gleichnis von einer Steinwaage veranschaulicht wurde, bezieht sich dieses Sprichwort offensichtlich und logisch nachvollziehbar auf die sieben Tage einer Woche.[32]

In der Tat besteht nicht nur für „fleißige Bienen", sondern auch für fleißige, pflichtbewusste und umtriebige Menschen eine alltägliche Woche aus „sieben Heute", von den krankhaft arbeitssüchtigen „Workaholics" einmal abgesehen.

Der Volksmund hat auch hier eine ergänzende und selbsterklärende Redensart parat:

Morgen, morgen, nur nicht heute - sagen alle faulen Leute.

Ernüchternd

> Eine Mutter kann zehn Kinder ernähren,
> aber zehn Kinder nicht eine Mutter.

Diese althergebrachte Redensart ist nicht nur ernüchternd, sie ist beängstigend, beschämend und entwürdigend zugleich.

Selbst die beschwichtigende und demografisch begründete Aussage, dass in der heutigen deutschen Gesellschaft eine Familie mit zehn Kindern im wahren Sinn des Wortes ein seltenes

---

[32] Eine allegorische und etymologische Betrachtung der sieben Wochentage findet man unter anderem bei ECKSTEIN, Peter P.: Das alltägliche Kalenderblatt – Ein allegorisches Zahlenkaleidoskop, Rainer Hampp Verlag, München und Mehring 2011, Seite 18 ff. und 77ff.

Ereignis ist, ändert nichts an diesem ernüchternden Urteil. Selbst wenn man im Mikrokosmos des eigenen Familien- und Freundeskreises dieses würdelose Bild nicht bestätigen kann, ist es dennoch alles andere als ein gesellschaftlich zu leugnendes Phänomen.

Wahrhaftig

> Ein Frieden ist besser als zehn Siege.

Dieser Aphorismus, der sowohl aus lokaler als auch aus geopolitischer Sicht ein zeitgemäßes, dringliches und unabkömmliches Handlungsgebot kennzeichnet, ist zugleich ein düsterer Hinweis darauf, dass die Geschichte der Menschheit letztlich eine Geschichte kriegerischer Auseinandersetzungen ist.

Abb. 49: Erster Weltkrieg

Allein die Abbildung 49, die auf den in mehr als fünfzig Sprachen übersetzten und mehrfach verfilmten Antikriegsroman „Im Westen nichts Neues" des deutschen Schriftstellers Erich Maria REMARQUE (*1898, †1970) Bezug nimmt, ist nicht nur ein Hinweis auf den Wahnsinn eines Krieges, sondern zugleich auch eine mahnende Erinnerung an den Ersten Weltkrieg, der vor 100 Jahren die Welt erschütterte.

REMARQUE, der eigentlich Erich Paul REMARK hieß, war selbst ein Kriegsfreiwilliger und hinterließ aus eigener und prägender Erfahrung mit diesem Roman eine ernüchternde, erschütternde und schonungslos realistische Schilderung des Alltags eines jungen Frontsoldaten im Ersten Weltkrieg.[33]

Und als wäre die Menschheit nicht belehrbar und lernfähig, brach schon 21 Jahre später der Zweite Weltkrieg aus, der in seinem zerstörerischen Ausmaß und in seinen unnützen Menschenopfern noch unfassbarer und gewaltiger war.

„Nie wieder Krieg" war der vernehmbare Ruf, der die sogenannte Nachkriegsgeneration prägte. Doch aus heutiger Sicht scheint dieser mahnende und flehentliche Ruf weltweit wieder verhallt zu sein und berechtigte Zweifel an einer friedfertigen Menschheit aufkommen zu lassen.

Schwarze Bündnisse

> Eine Krähe hackt einer anderen kein Auge aus.

Abb. 50: Zwei Krähen

Analog zur Abbildung 50 kennzeichnen Krähen mittelgroße schwarze Rabenvögel mit einem großen gelben Schnabel.

In der Mythologie und in Märchen werden den auffälligen Raben und Krähen solche Eigenschaften wie Weisheit und Intelligenz zugeschrieben. Neuzeitliche wissenschaftliche Untersu-

[33] Vgl. BROCKHAUS, Enzyklopädie in 30 Bänden, 21., völlig neu bearbeitete Auflage, Leipzig, Mannheim 2006, Band 22, Seite 803

chungen belegen und bestätigen, dass Raben und Krähen Vögel mit einer hohen Intelligenz sind.

Das eingangs indizierte Sprichwort findet mit der Redensart

> Wo eine Krähe sitzt, da sitzen bald zehn.

eine Ergänzung, welche die umgangssprachliche und semantische Deutung beinhaltet, wonach sich ehrfahrungsgemäß und in der Regel Leute gleichen Berufes oder Standes gegenseitig nicht schaden und bei Anfeindungen gegenseitig unterstützen. Erfahrungsgemäß bestätigen Ausnahmen diese Regel.

Lügenstrudel

> Wer einmal lügt, dem glaubt man nicht,
> und wenn er auch die Wahrheit spricht.

Dieser sprichwörtliche Reim von der prägenden und lähmenden Kraft einer Lüge, die volkstümlich immer „kurze Beine hat", wird durch die folgende Redensart noch verstärkt und vervielfacht.

> Eine Lüge schleppt zehn andere nach sich.

Suchen und finden

> Wer eine Ausrede sucht, findet zehn.

Gleichwohl man gefundene Ausreden an den zehn Fingern leicht und fassbar abzählen kann, ist es bekanntermaßen alles andere als leicht, in einem erforderlichen Fall auch so viele Ausreden zu finden, von ihrer Glaubwürdigkeit einmal ganz zu schweigen und abzusehen.

Selbstreflexion

Ein Mann, der will, kann mehr als zehn, die müssen.

Dieses im alltäglichen männlichen Dasein sehr oft und vor allem aus weiblichem Munde zu hörende Sprichwort ist keineswegs nur an handwerkliche, sondern vielfach auch an häusliche Tätigkeiten gebunden. Vom Kochen und Backen, Putzen und Waschen einmal ganz zu schweigen.

2.3 Von der Elf bis zur Tausend

Ohne Kommentar

Zehn alte Weiber, elf Krankheiten.

Dieses in einem ersten Augenblick etwas derb anmutende Sprichwort ist auch heutzutage noch zutreffend und dabei nicht nur auf das weibliche Geschlecht bezogen.

Man braucht einmal nur in öffentlichen Verkehrsmitteln, in denen mindestens zwei ältere Damen und/oder Herren miteinander „plaudern“, zuzuhören. Dann erfährt und lernt man ungewollt auch eine Menge über Krankheiten.

Dutzend und Gros

Ein Dutzend, die wollen, sind stärker
als ein Gros, die müssen.

Der Volksmund ergänzt dieses zählmaßbezogene Sprichwort mit dem Gleichnis

Mitunter ist weniger mehr.

Neben dem bereits im Kapitel 2.1 erläuterten Zählmaß von einem Paar ist es hier geboten, die beiden sprichwörtlich erwähnten und auch heute noch im Einzelhandel üblichen Zählmaße kurz zu beleuchten.

Während in Anlehnung an das griechische Zahlwort δώδεκα bzw. *dódeka* oder an das französische Zahlwort *douzaine*

1 Dutzend = 6 Paar = 12 Stück

gilt, wird in Anlehnung an den lateinischen Begriff *grossus* oder auch an den französischen Begriff *grosse* ein Gros mit

1 Gros = 12 Dutzend = 144 Stück

bemessen. Das in der Alltagssprache übliche und aus dem Französischen entlehnte Zahladjektiv *en gros* zur verbalen Beschreibung einer größeren Stückzahl findet - analog zu seinem Gegensatz *en détail* im Sinne eines Einzelnen - somit auch eine anschauliche Wortursprungserklärung.

Verdammt

> Verdammt noch mal, jetzt schlägt es aber gleich dreizehn.

Abb. 51: Eine verfluchte Zahl

Diese volkstümliche Redensart beruht auf einer Zahl, die analog zur Abbildung 51 schlechthin ein Inbegriff für Unerwartetes, Ungünstiges, Unpassendes oder teuflisch Böses ist und daher verdammt und verflucht wird.

Allein der Hinweis auf das Datum „Freitag, der Dreizehnte" löst bei vielen Menschen schlagartig pathologisch anmutende Angstzustände aus, die mit einem gesunden Menschenverstand nur schwerlich plausibel zu erklären sind.

Selbst der tröstende Hinweis darauf, dass dieser verteufelten Datumsmarke stets die göttliche Datumsmarke „Sonntag, der Erste" vorgelagert ist, scheint in diesem Zusammenhang wenig hilfreich zu sein. Im Jahr 2017, dem Entstehungsjahr des Essays, war dieses verfluchte Datum zweimal in Erscheinung getreten: im Januar und im Oktober.[34]

Handwerklich

> Vierzehn Handwerke, fünfzehn Unglücke.

Gemäß seiner ursprünglichen Bedeutung kennzeichnet ein Handwerk eine Tätigkeit, bei der man mit den Händen oder mit einfachen Arbeitsinstrumenten bzw. Werkzeugen „ein Werk" herstellt bzw. etwas „bewerkstelligt".

Aus historischer Sicht subsumiert man unter dem Handwerksbegriff zudem auch noch einen Stand bzw. eine Zunft von Handwerkern.

Die umgangssprachlichen Redewendungen vom

handwerklichen Können

und vom

---

[34] Weitere interessante und bemerkenswerte Randglossen zur „verteufelten" Zahl 13 findet man bei ECKSTEIN, Peter P.: Das alltägliche Kalenderblatt – Ein allegorisches Zahlenkaleidoskop, Rainer Hampp Verlag, München und Mehring 2011, Seite 111 ff.

goldenen Boden, das ein Handwerk hat,

kennzeichnen eine würdigende Bewertung der Tätigkeiten, Fähigkeiten und Fertigkeiten von Handwerkern.

Doch dort, wo Licht erhellt, machen sich auch Schatten breit, die wiederum schlechte, nachlässig oder bewusst mangelhaft ausgeführte Arbeiten verdecken, die umgangssprachlich als Pfusch oder Montagsarbeit gekennzeichnet werden.

Ob allerdings bei vierzehn Handwerken zugleich auch fünfzehn Unglücke als handwerklicher Pfusch zu beobachten sind, ist eher unwahrscheinlich, aber eben nicht unmöglich.

Begrenzt

Auch der schlimmste Tag hat nur
vierundzwanzig Stunden.

Diesem finsteren numerischen Gleichnis wohnt zugleich auch etwas Trostspendendes und Ermutigendes inne: Einfach Kopf hoch!

Vergeblich

Aus hundert Zwergen lässt sich kein Riese heraussuchen.

Dieses volksmundartige Sprichwort ist ein Hinweis darauf, dass man in einem großen Haufen kleiner Kieselsteine vergeblich auf der Suche nach einem schwergewichtigen und großen Feldstein sein wird.

Bedenklich

Wer kauft, braucht hundert Augen.
Wer verkauft, hat mit einem genug.

Der mittelalterliche Holzschnitt in der Abbildung 52 ist ein Hinweis darauf, dass das merkantilistisch geprägte Sprichwort selbst althergebracht und auch heute noch gültig und beachtenswert ist.

Abb. 52: Kaufen und verkaufen

Allein das numerisch überhöhte bildhafte Gleichnis von einhundert Augen beim Kaufen und einer Einäugigkeit beim Verkaufen ist dabei nichts anderes als ein mahnender Hinweis darauf, bei einem Kauf stets aufmerksam, bedacht und durchaus auch skeptisch und misstrauisch zu sein.

Wahrlich

> Ein Bild ersetzt mehr als tausend Worte.

Diese Redensart hat vermutlich jeder schon einmal aus eigener Erfahrung wahrgenommen und verinnerlicht. Die Aussagekraft eines Bildes ist mitunter gewaltiger und trefflicher als viele wohlgesetzte Worte. Doch auch hier ist heutzutage Vorsicht geboten.

Vor allem moderne bildbearbeitende und bildverarbeitende Techniken ermöglichen es heute, Bilder bewusst und gekonnt zu manipulieren und in falsche Zeugnisse vermittelnde Zerrbilder zu verwandeln. In dieser Hinsicht ist das wohlgesetzte Wort ein unabkömmliches Korrektiv.

Ernüchternd

> Freunde in der Not gehen zu tausend auf ein Loth.

Dieser alte volkstümliche Reim ist so ernüchternd, bedrückend und beängstigend wie er zugleich auch wahrhaftig ist: In einer Notsituation schmilzt erfahrungsgemäß ein „doch so großer" Freundes- und Bekanntenkreis gleichsam wie ein großer Eisblock auf nur wenige wahre und hilfsbereite Freunde zusammen, die einem kleinen Hagelkorn gleich in ein Loth passen.

Das bildhafte Gleichnis von einem Loth wird durch die Abbildung 53 veranschaulicht.

Abb. 53: Ein Loth

Ein Loth bzw. Lot war im deutschsprachigen Raum die Bezeichnung für eine kleine Masse. In Alltagsgeschäften galt die anschauliche Faustregel, wonach ein Lot etwa einem „Löffel voll" entsprach. Von unterschiedlichen Ausprägungen einmal abgesehen, galt die folgende Regel:

1 Lot = ½ Unze = 4 Quentchen = 1/32 Pfund.

Im Deutschen Reich wurde ausgangs des 19. Jahrhunderts die „nichtmetrische und unterschiedlich ausgeprägte" Maßeinheit *Lot* durch die aus der französischen Revolution stammende „egale und metrische" Maßeinheit *Gramm* ersetzt. Demnach kennzeichnete in der Metrologie, die gemäß ihrem griechischen Wortursprung die Maß- und Gewichtskunde ist, ein Lot eine Masse zwischen 14 und 18 Gramm.

Interessant ist in diesem Zusammenhang der Hinweis darauf, dass ein Lot zugleich auch eine alte Einheit für den Feingehalt von Silberlegierungen war. Reines Silber war 16-lötig.[35] Das Löten als ein thermisches Schmelzverfahren findet in der „Lötigkeit von Silber" seinen Wortursprung.

Wahrhaftig

> Es gibt tausend Krankheiten, aber nur eine Gesundheit.

Man muss kein Mediziner sein, um dieses althergebrachte Sprichwort verständlich kommentieren und begründen zu können. In der Tat füllen seit Menschengedenken mündlich überlieferte und schriftlich fixierte menschliche Krankheiten viele Regale mit seitenstarken Büchern. Und die Gesundheit? Sie lässt sich kurz und bündig mit nur wenigen Worten übersetzen und fassbar erklären: menschliches Wohlbefinden und Leistungskraft.

Was liegt im Hinblick auf das alte und wahrhaftige Sprichwort näher, als sich auf GOETHEs Faust zu beziehen und in der Studierzimmerszene Mephistopheles zu zitieren, der auf des Schülers Wunsch

Wollt Ihr mir von der Medizin
nicht auch ein kräftig Wörtchen sagen?

zugleich laut und vernehmbar deklamiert:

Der Geist der Medizin ist leicht zu fassen,
Ihr durchstudiert die groß' und kleine Welt,
um es am Ende gehen zulassen, wie's Gott gefällt.

---

35 Vgl. BROCKHAUS, Enzyklopädie in 30 Bänden, 21., völlig neu bearbeitete Auflage, Leipzig, Mannheim 2006, Band 17, Seite 172

Alternativ

Nach dem Essen soll man ruhn
oder tausend Schritte tun.

Abb. 54: Tanzendes Paar[36]

Zweifelsohne sind aus medizinischer Sicht tausend Schritte nach dem Essen körperlich wohltuender, als sich bloß auszuruhen.

Ein zutreffendes bildhaftes Gleichnis für diesen sprichwörtlichen Reim wird in der Abbildung 54 mit dem Kupferstich „Tanzendes Paar“ aus dem Jahr 1514 vom Maler und Grafiker Albrecht DÜRER (*1471, †1528) angeboten.

---

[36] Vgl. STRIEDER, Peter: Dürer, Bechtermünz Verlag Augsburg 1996, Seite 152 und 153

Selbst wenn es nicht immer gleich tausend Schritte sind, so ist das Tanzen nicht nur ein Vergnügen, sondern stets auch eine kunstvoll abgestimmte und mitunter schweißtreibende sportliche Aktivität.

Ermahnend

> Das hab´ ich Dir schon tausendmal gesagt …

Wer kennt diese ermahnenden und sowohl emotional als auch numerisch hochgeladenen Worte nicht!

Hier werden wohl bei jedem interessierten Leser zwangsläufig Erinnerungen wach, die sich von der Kindheit über die Schulzeit bis hin zum familiären Alltag erstrecken.

Mit einem Witz, der gern zur allgemeinen Erheiterung am studentischen Biertisch erzählt wurde, sollen die angebotenen Betrachtungen zur sprichwörtlichen Zahl abgeschlossen werden.

Kommt ein Vampir betrunken nach Hause.
Seine Frau erwartet ihn mit vorwurfsvollem Blick:
Hab´ ich Dir nicht schon tausendmal gesagt,
dass Du nicht so viele Alkoholiker beißen sollst!

3 Die poetische Zahl

3.1 Von der Eins bis zur Drei

Lebensnah

> Ein jeglicher versucht sein Glück,
> doch schmal nur ist die Bahn zum Rennen.

Dieses lebensnahe Gleichnis verwendet der deutsche Dichter Friedrich von SCHILLER (*1759, †1805) in seinem Gedicht „Das Spiel des Lebens", indem er einen Helden kühn voran drängen, einen Schwächling zurück bleiben, einen Stolzen lächerlich fallen und einen Klugen alle anderen überholen lässt.[37]

Tugendhaft

> Zwei sind der Wege, auf welchen der Mensch
> zur Tugend emporstrebt.

Dieses bildhaften Gleichnisses bedient sich SCHILLER in dem Epigramm „Die zwei Tugendwege", das gemäß seinem griechischen Wortursprung ein kurzes Gedicht bezeichnet.[38]

Die Tugend, die hier zum Ziel menschlichen Emporstrebens lyrisch vermerkt und erläutert wird, kennzeichnet in Anlehnung

---

37 Vgl. Friedrich SCHILLER: Gedichte, Erzählungen, Übersetzungen, Artemis & Winkler München, Einmalige Sonderausgabe 1993, Seite 309

38 Vgl. Friedrich SCHILLER: Gedichte, Erzählungen, Übersetzungen, Artemis & Winkler München, Einmalige Sonderausgabe 1993, Seite 196

an das althochdeutsche Wort *tugund* die menschliche Eigenschaft einer sittlichen, vorbildlichen und moralisch einwandfreien Haltung. Während der Glückliche sie handelnd erringt, erlangt sie der Leidende nur duldend.

Wohl dem, der auf beiden Wegen tugendhaft wird und zu solchen tugendhaften Eigenschaften wie Ehrlichkeit, Bescheidenheit, Zuverlässigkeit und Güte fähig ist.

Diabolisch

> Zwei Seelen wohnen, ach! in meiner Brust ...[39]

Diese zum geflügelten Wort gewordene Aussage von Faust, der von zwei Seelen getrieben wird, findet in der Abbildung 55 eine treffliche und zugleich würdigende bildhafte Darstellung zweier bedeutender deutscher Schauspieler:

Abb. 55: Faust und Mephisto

Zum einen mit dem Angesicht von Will QUADFLIEG (*1914, †2003) als Faust und zum anderen mit dem „auf den Kopf gestellten" Angesicht von Gustaf GRÜNDGENS (*1899, †1963) als Mephistopheles.

---

[39] Vgl. GOETHE, Faust, Der Tragödie erster Teil, Vor dem Tor, Er geht mit Wagnern weiter

Die beiden Seelen, die Faust umtreiben und die sich voneinander trennen möchten, ist zum einen der bewusste Trieb, der sich

in derber Liebeslust an die Welt hält

und zum anderen der Drang nach Erkenntnis, der

gewaltsam sich vom Dust zu den Gefilden hoher Ahnen hebt.

Nicht die Gier nach Reichtum und Lebensgenuss ist dabei die treibende Kraft, sondern der unersättliche Erkenntnisdrang, der Faust letztendlich dazu bringt, sich dem diabolischen Mephistopheles zu verschreiben, der ihm verspricht, seinen Wissensdurst zu löschen.

Notierenswert ist in diesem Blickwinkel, das in Anlehnung an das Griechische ein *Diabolos* ein teuflisches Wesen kennzeichnet, das Dinge durcheinander wirft und in Unordnung bringt, was einerseits erkenntnisreich und andererseits boshaft sein kann.

In der Studierzimmerszene antwortet Mephistopheles auf die Frage von Faust, wer er denn sei, mit der markanten und trefflichen Aussage:

Ein Teil von jener Kraft, die stets das Böse will
und stets das Gute schafft.

Inhaltschwer

Drei Worte nenn ich euch, inhaltschwer …

Dies sind die ersten Worte, die Friedrich von SCHILLER in seinem Gedicht „Die Worte des Glaubens“ [40] setzt und nachfolgend drei menschliche Werte und Normen poetisch erklärt, wonach

der Mensch frei, die Tugend kein leerer Schall
und Gott der höchste Gedanke ist.

---

40 Vgl. Friedrich SCHILLER: Gedichte, Erzählungen, Übersetzungen, Artemis & Winkler München, Einmalige Sonderausgabe 1993, Seite 313 ff.

Das Gedicht endet mit dem moralischen Postulat:

> Dem Menschen ist nimmer sein Wert geraubt,
> solang er noch an die drei Worte glaubt.

Verlässlich

> Und die Treue ist doch kein leerer Wahn.
> So nehmet mich zum Genossen an:
> Ich sei, gewährt mir die Bitte, in eurem Bunde der Dritte.

Abb. 56: Die Bürgschaft

Die Freundestreue als eine sittliche Tugend, in der sich ein Mensch durchaus auch opferbereit bewähren muss, erfährt in der letzten Strophe des Gedichts „Die Bürgschaft" von Friedrich SCHILLER eine würdigende Erwähnung und zugleich in der gleichnamigen Lithographie des österreichischen Steinbildhauers Joseph TRENTSENSKY (*1759, †1805) innerhalb der Abbildung 56 eine beeindruckende bildhafte Darstellung.[41]

In der Lithographie, die gemäß ihrem griechischen Wortursprung ein Kalksteinbilddruck ist, reicht nach langer Verwunderung der Tyrann Dionys schlussendlich dem Attentäter Damon, der mit dem Dolch „die Stadt vom Tyrannen befreien“ wollte, und seinem Freund, der für ihn drei Tage mit seinem Leben bürgte, nach dramatischen Ereignissen in letzter Minute die Hand, die symbolisch den besagten Dreierbund besiegelt.

Zeitlich

> Dreifach ist der Schritt der Zeit,
> zögernd kommt die Zukunft hergezogen,
> pfeilschnell ist das Jetzt entflogen,
> ewig still steht die Vergangenheit.

Dieses lyrischen Gleichnisses von der Zeit in ihrem dreifachen Erscheinungsbild, das in seiner Realitätsbezogenheit keines weiteren Kommentars bedarf, bedient sich SCHILLER im ersten „Spruch des Konfuzius“.[42]

Eine meisterhafte bildliche Darstellung erfährt dieser Spruch mit dem in der Abbildung 57 auszugsweise wiedergegebenen Gemälde „Allegorie der Zeit und der Klugheit“ des berühmten italienischen Malers der Hochrenaissance Tiziano VECELLIO (* um 1490, †1576), genannt TIZIAN.

Die drei Physiognomien können als die drei Tempora bzw. Zeiträume im menschlichen Dasein gedeutet werden: Der lang-

---

41 Vgl. Friedrich SCHILLER: Gedichte, Erzählungen, Übersetzungen, Artemis & Winkler München, Einmalige Sonderausgabe 1993, Seite 351 ff.

42 Vgl. Friedrich SCHILLER: Gedichte, Erzählungen, Übersetzungen, Artemis & Winkler, München, Einmalige Sonderausgabe 1993, Seite 157

bärtige Greis schaut rückwärtsgewandt in die Vergangenheit, der Jüngling vorwärtsgewandt in die Zukunft und der Mann „im besten Alter“ mit seinem vollen schwarzen Bart, der sein Antlitz dem Betrachter direkt zuwendet, blickt geradeaus in die Gegenwart.

Abb. 57: Allegorie der Zeit

Räumlich

Dreifach ist des Raumes Maß.

Dieses Gleichnis vom dreifachen Erscheinungsbild eines Raumes verwendet SCHILLER im zweiten „Spruch des Konfuzius“ [43] und ergänzt das räumliche Erscheinungsbild poetisch mit

Rastlos fort ohn´ Unterlass strebt die Länge,
fort ins Weite endlos gießet sich die Breite,
grundlos senkt die Tiefe sich.
Rastlos vorwärts musst du streben, nie ermüdet stille stehn,
willst du die Vollendung sehn, musst ins Breite dich entfalten,
in die Tiefe musst du steigen, soll sich dir das Wesen zeigen,
nur Beharrung führt zum Ziel, nur die Fülle führt zur Klarheit und
im Abgrund wohnt die Wahrheit.

---

[43] Vgl. Friedrich SCHILLER: Gedichte, Erzählungen, Übersetzungen, Artemis & Winkler, München, Einmalige Sonderausgabe 1993, Seite 157

Zerstörerisch

Das große Karthago führte drei Kriege.
Es war noch mächtig nach dem ersten,
noch bewohnbar nach dem zweiten.
Es war nicht mehr auffindbar nach dem dritten.

Dieses historischen Gleichnisses von den drei Punischen Kriegen, welche die Römer gegen die Karthager, auch Punier genannt, zur Erlangung der Herrschaft über das westliche Mittelmeer führten[44], bediente sich der deutsche Schriftsteller, Lyriker, Dramatiker und erbitterter Kriegsgegner Bertolt BRECHT (*1898, †1956) im Jahr 1951 in einem offenen Brief an die deutschen Künstler und Schriftsteller[45]. In diesem Brief vermerkte BRECHT zudem:

Werden wir Krieg haben? Die Antwort:
Wenn wir zum Krieg rüsten, werden wir Krieg haben.

3.2 Die Fünf

Mystisch

Das Pentagramma macht dir Pein?

Die peinliche Frage nach dem mystischen Pentagramma richtet Faust an Mephistopheles, der aus Fausts Studierzimmer hinaus zu spazieren gedenkt und es ihm ein kleines Hindernis auf der Türschwelle verbietet:

---

44 Vgl. BROCKHAUS, Enzyklopädie in 30 Bänden, 21., völlig neu bearbeitete Auflage, Leipzig, Mannheim 2006, Band 22, Seite 281

45 Vgl. BRECHT – Ein Lesebuch für unsere Zeit, Aufbau-Verlag Berlin und Weimar 1965, Seite 451 ff.

Es ist der Drudenfuß in Gestalt eines fünfzackigen Sterns, der in Anlehnung ans Griechische auch Pentagramma genannt wird.[46]

Abb. 58: Fausts Studierzimmer

Im Kupferstich des deutschen Malers und Kupferstechers Carl August SCHWERDGEBURTH (*1785, †1878), der in der Abbildung 58 widergegeben ist, wird das Pentagramma auf einem Papierbogen plakatiert, der neben dem Globus auf dem Fußboden liegt.

Im alten Volks- und Aberglauben waren die Druden beängstigende und böse Zauber treibende weibliche Nachtgeister, die man gleichsam wie alle Höllengeister mit Hilfe eines fünfzacki-

[46] Vgl. GOETHE, Faust, Der Tragödie erster Teil, Studierzimmer, Mephistopheles tritt, indem der Nebel fällt, gekleidet wie ein fahrender Scholastikus, hinter dem Ofen hervor.

gen Sterns zu vertreiben glaubte.[47] Mephistopheles, der in Gestalt eines Pudels in Fausts Studierzimmer „hereingesprungen" war und das Pentagramma „auf der Schwelle" nicht bemerkte, erklärt, warum er „nicht aus dem Haus kann":

's ist ein Gesetz der Teufel und Gespenster:
Wo sie hineingeschlüpft, da müssen sie hinaus.
Das erste steht uns frei, beim zweiten sind wir Knechte.

Dass ein Pentagramma nicht nur ein mystisches Symbol ist, sondern auch durch natürliche oder wissenschaftliche Erscheinungsbilder getragen wird, sei an dieser Stelle ergänzend vermerkt.[48]

Gerade und ungerade

Fünf ist des Menschen Seele.

Diese numerische Etikettierung der menschlichen Seele lässt Friedrich von SCHILLER (*1759, †1805) in seinem Drama „Die Piccolomini" den Astrologen Wallensteins, Baptista Seni, verlauten und wie folgt begründen:[49]

Wie der Mensch aus Gutem und Bösem ist gemischt,
so ist die Fünfe die erste Zahl aus Gerad und Ungerade.

---

[47] Vgl. BROCKHAUS, Enzyklopädie in 30 Bänden, 21., völlig neu bearbeitete Auflage, Leipzig, Mannheim 2006, Band 7, Seite 312

[48] Weitere interessante und bemerkenswerte Erscheinungsbilder eines Pentagramms findet man bei ECKSTEIN, Peter P.: Das alltägliche Kalenderblatt – Ein allegorisches Zahlenkaleidoskop, Rainer Hampp Verlag, München und Mehring 2011, Seite 64 ff.

[49] Vgl. Friedrich SCHILLER: Dramen I, Artemis & Winkler, München, Einmalige Sonderausgabe 1993, Die Piccolomini, Zweiter Aufzug, Erster Auftritt, Seite 688

Gleichwohl der eine friedländische Diener den Baptisten Seni einen Narren nennt, hört ihm ein anderer „Bedienter“ gerne zu,

denn mancherlei doch denkt sich bei den Worten.

In der Tat lässt sich an der numerischen Seelendeutung von Seni einiges Interessantes bedenken und Notierenswertes vermerken: Die Fünf lässt sich mit

$$2 + 3 = 5$$

als die Summe aus der Zwei, der ersten und einzigen geraden Primzahl und der Drei, der zweiten ungeraden und zugleich zweiten Primzahl, darstellen.

In der Mathematik, die gemäß ihrem griechischen Wortursprung die Lehre von den Zahlen und Formen ist, kennzeichnet man eine natürliche Zahl als gerade, wenn sie im Sinne eines echten Teilers ganzzahlig und ohne Rest durch zwei teilbar ist. Ansonsten etikettiert man eine natürliche Zahl als ungerade.

Eine natürliche Zahl, die nur durch sich selbst und die Zahl eins ganzzahlig und ohne Rest teilbar ist, bezeichnet man als eine Primzahl, die in Anlehnung ans Lateinische als eine „erstklassige Zahl“ angesehen werden kann.

Diese elitäre Klassifikation erklärt sich unter anderem aus der sogenannten Primfaktorzerlegung, wonach eine natürliche Zahl entweder eine Primzahl ist oder sich als ein Produkt aus Primzahlen darstellen lässt.

Allerdings wird in der Zahlentheorie die eingangs des Kapitels 2.1 als erste natürliche und zugleich ungerade Zahl gewürdigte Eins aus der elitären Phalanx der Primzahlen ausgeschlossen. Dieser scheinbar diskriminierende Befund erklärt sich aus einer Eigenschaft, derer sich nur die Eins rühmen darf: Es ist die Eigenschaft der sogenannten multiplikativen Identität

$$1 \cdot n = n$$

wonach einzig und allein nur die natürliche Zahl Eins als Faktor eines Produktes mit einer beliebigen natürlichen Zahl n wiederum genau die natürliche Zahl n ergibt.

Offensichtlich ist der Hinweis des dritten Dieners doch von Relevanz, zumal sich mit der Fünf „doch mancherlei denken lässt". Die Fünf ist nicht nur eine ungerade, sondern zugleich auch noch eine Primzahl, die gemeinsam mit der Drei wegen

$$5 - 3 = 2$$

die ersten Primzahlzwillinge repräsentiert.

In der Zahlentheorie bezeichnet man zwei benachbarte Primzahlen, deren Differenz zwei ist, oder elitärer formuliert, deren Abstand zueinander identisch ist mit der ersten, kleinsten und einzig geraden Primzahl Zwei, als Primzahlzwillinge.

Schlussendlich ist in diesem Kontext noch eine Randglosse beachtenswert: Dass der Baptist Seni einer geraden Zahl Gutes und einer ungeraden Zahl Böses zuweist, erfährt in der Numerologie, die in Anlehnung an das Lateinische und das Griechische als eine geheimnisvolle Zahlendeutung interpretiert werden kann, eine andersartige Deutung.[50] Hinzu kommt noch, dass sich Seni im Hinblick auf die Fünf als „erste Zahl aus Gerade und Ungerade" getäuscht haben muss, zumal dieser Platz wegen

$$2 + 1 = 3$$

eigentlich der natürlichen Zahl drei zusteht.

3.3 Das Hexen-Einmaleins

Um Faustens Wunsch, ihm

wohl dreißig Jahre vom Leibe zu schaffen,

erfüllen zu können, muss nach Mephistopheles Entschluss

denn doch die Hexe dran,

---

50 Vgl. Weitere Hinweise auf numerologische Deutungen von natürlichen Zahlen findet man unter anderem bei ECKSTEIN, Peter P.: Das alltägliche Kalenderblatt – Ein allegorisches Zahlenkaleidoskop, Rainer Hampp Verlag, München und Mehring 2011, Kapitel 3, Seite 21 ff.

die einen Zaubertrank parat hat, so dass Faust

mit diesem Trank im Leibe, bald Helenen sieht in jedem Weibe.[51]

Abb. 59: Hexenküche

Der deutsche Maler Moritz RETZSCH (*1779, †1832) vermittelt im Hinblick auf die Abbildung 60 mit seiner Umrissradierung von der Hexenküche ein bildhaftes Gleichnis von diesem „Wust von Raserei“ und dieser „Sudelköcherei“. Der Anschaulichkeit halber wurde das Bildnis von der Hexenküche noch durch ein Zahlenquadrat ergänzt, dessen arithmetische Geheimnisse im Hexen-Einmaleins verborgen liegen, welches die Hexe nach der Goethe´schen Anweisung „mit großer Emphase aus dem Buch zu deklamieren beginnt“:

Du musst verstehn! Aus Eins mach Zehn,
und Zwei lass gehn,
und Drei mach gleich, so bist du reich.

---

[51] Vgl. GOETHE, Faust, Der Tragödie erster Teil, Hexenküche

Dieser erste numerische Hexenreim ist als ein zahlenmäßiges Protokoll in der ersten Zeile des Zahlenquadrats mit der dreigliedrigen Zahlenfolge 10, 2 und 3 vermerkt.

Verlier die Vier!
Aus Fünf und Sechs, so sagt die Hex´,
mach Sieben und Acht, so ist´s vollbracht.

Der zweite Hexenreim, der sein numerisches Spiegelbild in der zweiten Zeile des Zahlenquadrats findet, lässt sich arithmetisch wie folgt protokollieren:

$$(4 - 4) = 0, (5 + 2) = 7 \text{ und } (6 + 2) = 8.$$

Und Neun ist Eins, und Zehn ist keins.
Das ist das Hexen-Einmaleins.

In der seitens der Hexe deklamierten und scheinbar abstrusen Zahlenlogik ließe sich der dritte Hexenreim etwa wie folgt plausibel deuten und erklären:

Im zitierten Hexen-Einmaleins werden die natürlichen Zahlen von eins bis zehn in ihrer logischen Reihenfolge sowie indirekt mittels des Zahlwortes „keins“ die neutrale Zahl Null namentlich erwähnt.

Was in einem ersten Augenblick trivial und doch magisch erscheint, ist das Faktum, dass sowohl die Summe der Zahlen im ersten Hexenreim als auch das arithmetische Protokoll des zweiten Hexenreims die Zahl 15 ergeben.

Unterstellt man der Anschaulichkeit halber einmal, dass die Hexe die Zahl 15 in das Kalkül ihrer wusten Zahlenraserei mit einbezogen hat, dann erhält man wegen

$$5 = 15 - (10 + 0), 6 = 15 - (2 + 7) \text{ und } 4 = 15 - (3 + 8)$$

die dritte Zeile des in der Abbildung 59 beigefügten Zahlenquadrats.

Interessant und zugleich magisch anmutend ist der numerische Befund, dass sowohl die drei Zeilensummen

$$(10 + 2 + 3) = (0 + 7 + 8) = (5 + 6 + 4) = 15$$

als auch die drei Spaltensummen

$$(10 + 0 + 5) = (2 + 7 + 6) = (3 + 8 + 4) = 15$$

sowie die zweite bzw. die Nebendiagonalsumme

$$3 + 7 + 5 = 15$$

die Zahl 15 ergeben. Ob die Hauptdiagonalsumme

$$10 + 7 + 4 = 17 + 4 = 21$$

als ein versteckter und aberwitziger Hinweis auf das allbekannte Kartenspiel „Siebzehnundvier", auch „Black Jack" genannt, zu deuten ist, bleibt dabei gleichsam magisch anmutende, jedoch unbeantwortete Frage.

Das im Hinblick auf die natürliche und ungerade Zahl 15 benutzte charakteristische Adjektiv *magisch*, das gemäß seinem griechischen Wortursprung etwas Zauberhaftes oder auf Zauberei Beruhendes bezeichnet, ist allerdings im Hinblick auf das auf dem Hexen-Einmaleins beruhende Zahlenquadrat in der Abbildung 59 wegen der abundanten, also der „überfülligen" Hauptdiagonalsumme nur bedingt angebracht.

In diesem Zusammenhang sei an dieser Stelle darauf hingewiesen, dass im Kontext des vierten Kapitels eine anschauliche Betrachtung von magischen Quadraten angeboten wird.

Während sich Faust mit dem abfälligen Kommentar

… mich dünkt, die Alte spricht im Fieber …

von diesen aberwitzigen Betrachtungen abzuwenden versucht, ergänzt Mephisto den Kommentar lakonisch mit dem Hinweis

… das ist noch lange nicht vorüber …

und fügt, wie nicht anders zu erwarten war und ist, eine zynische und bedenkenswerte finale Belehrung bei:

Denn ein vollkommner Widerspruch
bleibt gleich geheimnisvoll für Kluge wie für Toren.

3.4 Von der Elf und der Zwölf

Astrologisch

> Elf, eine böse Zahl. Zwölf Stühle setzt,
> zwölf Zeichen hat der Tierkreis, fünf und sieben.
> Die heil´gen Zahlen liegen in der Zwölfe.

Analog zur Zahl Fünf als „des Menschen Seele" lässt Friedrich von SCHILLER (*1759, †1805) im Drama „Die Piccolomini" seiner berühmten Wallenstein-Trilogie[52] den Astrologen Wallensteins, Baptista Seni, diese bemerkenswerten Zahlengleichnisse verkünden.[53]

Warum Seni die Zahl Elf, die er eigentlich Eilf nennt, als eine böse Zahl diskreditiert, lässt sich vermutlich aus seinem christlichen Verständnis als Baptist erklären, wenn er gemäß der Anweisungen von SCHILLER „wie ein italienischer Doktor schwarz und etwas phantastisch gekleidet" auftritt und verlauten lässt:

> Eilf ist eine Sünde.
> Eilfe überschreitet die zehn Gebote.

Der deutsche Historienmaler Carl Theodor von PILOTY (*1826, †1886) hat in seinem Gemälde „Seni vor der Leiche Wallensteins", das in der Abbildung 60 wiedergegeben ist, das äußere theatralische Erscheinungsbild von Seni anschaulich dargestellt.

---

52 Im Zentrum der Trilogie steht Albrecht Wenzel Eusebius von WALLENSTEIN (*1583, †1634), Herzog von Friedland und Mecklenburg, einer der bedeutendsten Persönlichkeiten des Dreißigjährigen Krieges.

53 Vgl. Friedrich SCHILLER: Dramen I, Artemis & Winkler, München, Einmalige Sonderausgabe 1993, Die Piccolomini, Zweiter Aufzug, Erster Auftritt, Seite 688

Gleichwohl das Gemälde auf den dritten Teil der Wallenstein-Trilogie „Wallensteins Tod, ein Trauerspiel in fünf Aufzügen" Bezug nimmt, soll der Vollständigkeit erwähnt werden, dass Seni als Baptist und Astrologe seinen Freund Wallenstein im fünften Aufzug, fünfter Auftritt, eindringlich und flehentlich mahnt:

Komm, lies selbst in dem Planentenstand,
dass Unglück dir von falschen Freunden droht.

Abb. 60: Seni vor der Leiche Wallensteins

Was vermutlich wohl weniger den Baptisten Seni als wohl eher den Astrologen Seni interessiert hätte, ist die numerische Klassifikation der Elf als eine ungerade Zahl und eine Primzahl, die in Gestalt der beiden gleichen Ziffern 11 zudem auch noch im Rahmen des Dezimalsystems als ein Zahlenpalindrom identifiziert werden kann, da es augenscheinlich wegen

$$10 + 1 = 1 + 10 = 11$$

„vorwärts wie rückwärts lesbar" ist und stets eine Wertigkeit von elf indiziert.

Heilig dagegen erscheint Seni die Zahl Zwölf, die aus zahlentheoretischer Sicht nicht nur als eine gerade natürliche Zahl, sondern zudem auch noch als eine pentagonale Zahl oder Fünfeckzahl einerseits und als eine abundante oder überfüllige Zahl andererseits charakterisiert wird.

Analog zur Abbildung 61 benötigt man zum Beispiel zwölf Kugeln, um insgesamt drei gleichseitige Fünfecke konstruieren zu können, wenn man ein „Ein-Kugel-Konstrukt" als einen Spezialfall eines Fünfecks deutet. [54]

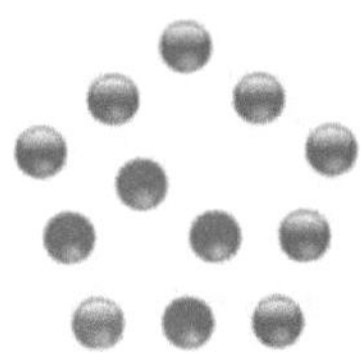

Abb. 61: Zwölf als Fünfeckzahl

Die Zwölf als eine abundante Zahl erklärt sich daraus, dass die Summe ihrer fünf echten Teiler 1, 2, 3, 4 und 6 (ausschließlich der Zahl 12 selbst) wegen

$$1 + 2 + 3 + 4 + 6 = 16 > 12$$

mit 16 größer als 12 ist und somit im wahren Sinne des Wortes als „überfüllig" gekennzeichnet wird.

Im Unterschied dazu würde man zum Beispiel die Zahl 6 wegen

$$1 + 2 + 3 = 1 \cdot 2 \cdot 3 = 6$$

als eine perfekte Zahl interpretieren, da nicht nur die Summe, sondern zugleich auch das Produkt aus ihren drei echten Teilern 1, 2 und 3 wiederum die Zahl 6 ergeben.

Doch mehr noch! Während im Blickwinkel einer Primfaktorzerlegung die „heilige" Zahl 12 wegen

$$2 \cdot 2 \cdot 3 = 12$$

---

54 Vgl. ECKSTEIN, Peter P.: Das alltägliche Kalenderblatt – Ein allegorisches Zahlenkaleidoskop, Rainer Hampp Verlag, München und Mehring 2011, Kapitel 1: Die natürlichen Zahlen

allein mittels der beiden Primzahlen 2 und 3 faktoriell darstellbar ist, kann sie auch als die Summe

$$5 + 7 = 12$$

der beiden Primzahlen 5 und 7 dargestellt werden, die wegen

$$7 - 5 = 2$$

als die zweiten Primzahlzwillinge im Ensemble der natürlichen Zahlen in Erscheinung treten.

Vermutlich würde der Astrologe Seni als ein Sterndeuter die Primzahlzwillinge 5 und 7 in Anlehnung an die Abbildungen 62 und 63 zum einen mit den fünf menschlichen Sternzeichen und zum anderen mit den sieben Tiersternzeichen assoziieren.

Abb. 62: Fünf menschliche Sternzeichen

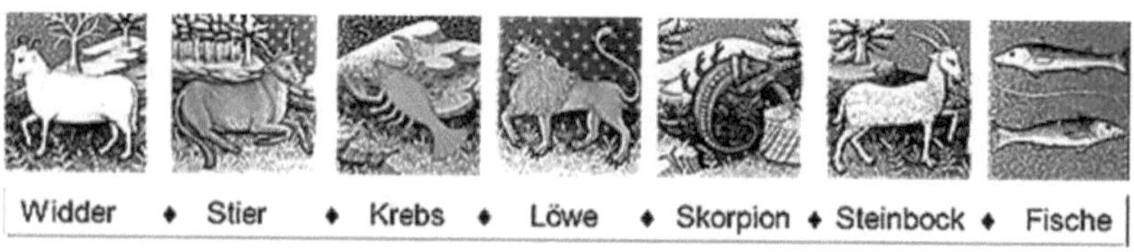

Abb. 63: Sieben Tiersternzeichen

In der Astrologie, die gemäß ihrem griechischen Wortursprung die Sterndeutung ist und bereits seit dem Altertum als die Lehre vom Einfluss der Gestirne auf das menschliche Schicksal angesehen wird, werden die zwölf Sternzeichen nicht nur in fünf „menschliche" und in sieben „tierische" Zeichen gegliedert, sondern zudem auch noch den vier Jahreszeiten zugeordnet.

Während der Widder, der Stier und die Zwillinge als Frühlingszeichen fungieren, symbolisieren die Sternzeichen Krebs, Löwe und Jungfrau den Sommer. Die Sternzeichen Waage, Skorpion und Schütze repräsentieren den Herbst und die Sternzeichen Steinbock, Wassermann und Fische den Winter.[55]

An dieser Stelle soll noch ein ergänzender Hinweis auf die „heilige" Zahl 12 vermerkt werden, indem sie als Allegorie auf die zwölf Apostel sowohl eine interessante numerische als auch eine beeindruckende bildhafte Darstellung mit dem weltberühmten Wandgemälde „Das letzte Abendmahl" des italienischen Malers Leonard DA VINCI (*1452, †1519) erfährt.

In dieser biblischen Allegorie finden zugleich die „böse" Zahl 11 und die „verteufelte" Zahl 13 wegen

$$13 - 11 = 2$$

als Primzahlzwillinge eine weitere Erwähnung, da sie die „heilige" Zwölf nicht nur aus numerischer, sondern auch aus allegorischer Sicht in eine „martialische Zange" nehmen.[56]

Gewettet

> Der König, Herr, hat gewettet,
> dass Laertes in zwölf Stößen von beiden Seiten
> nicht über drei vor Euch voraushaben soll;
> er hat auf zwölf gegen neun gewettet.

Diese numerisch geprägte Aussage in Form einer Wette legt der englische Dramatiker William SHAKESPEARE (*1564, †1616) in der Tragödie „Hamlet, Prinz von Dänemark" in der zweiten

---

55 Vgl. BROCKHAUS, Enzyklopädie in 30 Bänden, 21., völlig neu bearbeitete Auflage, Leipzig, Mannheim 2006, Band 27, Seite 435 ff.

56 Vgl. ECKSTEIN, Peter P.: Das alltägliche Kalenderblatt – Ein allegorisches Zahlenkaleidoskop, Rainer Hampp Verlag, München und Mehring 2011, Seite 109 ff.

Szene des fünften Aufzugs den Hofmann Osrick im Dialog mit Hamlet „in den Mund".[57]

Bezeichnet man das zufällige Ereignis, dass Laertes als Sieger in zwölf Stößen von beiden Seiten höchstens drei Stöße vor Hamlet voraushaben soll, mit L, dann entspricht die königliche Wette von „zwölf gegen neun" wegen

$$a = 12 \text{ und } b = 9$$

einer subjektiven Siegeswahrscheinlichkeit für Laertes von

$$P(L) = \frac{a}{a+b} = \frac{12}{12+9} \approx 0{,}57.$$

> Wenn Hamlet trifft zum ersten oder zweiten,
> wenn er beim dritten Tausch den Stoß erwidert,
> lasst das Geschütz von allen Zinnen feuern.

Bezeichnet man hingegen das zufällige Ereignis, dass Hamlet als Sieger aus dem Fechtduell hervorgeht, mit H, dann lässt sich die Siegeswahrscheinlichkeit für Hamlet wegen

$$P(H) = 1 - P(L) = 1 - 0{,}57 = 0{,}43$$

als eine Komplementärwahrscheinlichkeit zur Siegeswahrscheinlichkeit von Laertes auffassen und berechnen.

Allein ein Vergleich der beiden Siegeswahrscheinlichkeiten kann als ein Hinweis dafür gedeutet werden, dass es wegen

$$P(H) \approx 0{,}43 < P(L) \approx 0{,}57$$

offensichtlich eher unwahrscheinlich ist, dass man in Folge eines Sieges von Hamlet „das Geschütz von allen Zinnen feuern lässt".

Im Hinblick auf die elementaren wahrscheinlichkeitstheoretischen Betrachtungen ist es an dieser Stelle geboten, darauf

---

[57] Vgl. William SHAKESPEARE, Sämtliche Werke, Band 4: Tragödien, Aufbau-verlag Berlin und Weimar 1975, Seite 379 und 382

hinzuweisen, dass man bei der numerischen Beschreibung von zufallsbedingten Vorgängen die beiden Begriffe „Wahrscheinlichkeit“ und „Chance“ wohl voneinander unterscheiden muss.

Während eine Wahrscheinlichkeit ein reellwertiges Maß zur Beschreibung zufälligen Geschehens ist, das stets nur Werte zwischen null und eins annehmen kann, symbolisiert eine Chance, die in Anlehnung an ihren französischen Wortursprung als ein Glücksfall gedeutet werden kann und in der Regel als eine Wette formuliert wird, ein zahlenmäßiges Verhältnis von „Erfolg und Misserfolg“.

Allein die königliche Wette von „zwölf gegen neun“ kann in ihrer Darstellung als eine Sieges-Chance in Gestalt einer Erfolg-Misserfolg-Verhältniszahl wegen

$$\frac{12}{9} \approx 1{,}33 > 1$$

nicht als eine Wahrscheinlichkeit gedeutet werden, da diese gemäß der drei Wahrscheinlichkeitsaxiome des russischen Mathematikers Andrej Nikolajewitsch KOLMOGOROV (*1903, †1987) nur Werte zwischen null und eins annehmen kann.[58]

Dass beide Begriffe logisch miteinander verwoben sind, wurde bereits anhand der Siegeswahrscheinlichkeit für Laertes paradigmatisch skizziert, in der aus der königlichen Wette eine Wahrscheinlichkeit berechnet wurde.

In einer umgekehrten Betrachtung können in Form von Erfolg-Misserfolg-Verhältnissen aus den beiden Siegeswahrscheinlichkeiten zum einen mit

$$\frac{P(L)}{P(H)} = \frac{P(L)}{1 - P(L)} = \frac{0{,}57}{1 - 0{,}57} = \frac{0{,}57}{0{,}43} \approx 1{,}33$$

---

[58] Vgl. ECKSTEIN, Peter P.: Repetitorium Statistik, Deskriptive Statistik – Stochastik – Induktive Statistik, 8., aktualisierte und erweiterte Auflage, Springer Gabler Wiesbaden 2014, Kapitel 13: Wahrscheinlichkeitsbegriffe, Seite 190 ff.

die Sieges-Chancen für Laertes in Höhe von

$$1{,}33 : 1 \text{ bzw. } 9 \cdot (1{,}33 : 1) \text{ bzw. } 12 : 9$$

und zum anderen mit

$$\frac{P(H)}{P(L)} = \frac{P(H)}{1 - P(H)} = \frac{0{,}43}{1 - 0{,}43} = \frac{0{,}43}{0{,}57} \approx 0{,}75$$

die Sieges-Chancen für Hamlet in Höhe von

$$0.75 : 1 \text{ bzw. } 12 \cdot (0{,}75 : 1) \text{ bzw. } 9 : 12$$

bestimmt und wiederum als „königliche Wetten“ mit „zwölf zu neun“ bzw. „neun zu zwölf“ verbal formuliert werden.[59]

3.5 Große und unbestimmte Zahlen

Sauwohl

> Uns ist ganz kannibalisch wohl,
> als wie fünfhundert Säuen! [60]

Der diabolische Mephistopheles, der Faust

von allen Dingen weg in lustige Gesellschaft bringen muss,
damit er sieht, wie leicht sich´s leben lässt,

---

[59] Für alle Shakespeare-Freunde, die das Rechnen mit Wahrscheinlichkeiten nicht als unpoetisch empfinden, kann das Fechtduell zwischen Hamlet und Laertes unter Beachtung spezieller Prämissen auch mit Hilfe der Kombinatorik einer wahrscheinlichkeitstheoretischen Lösung zugeführt werden. Vgl. ECKSTEIN, Peter P.: Repetitorium Statistik, Deskriptive Statistik – Stochastik – Induktive Statistik, 8., aktualisierte und erweiterte Auflage, Springer Gabler Wiesbaden 2014, Seite 196 ff

[60] Vgl. GOETHE, Faust, Der Tragödie erster Teil, Auerbachs Keller in Leipzig

führt ihn in Auerbachs Keller nach Leipzig, wo gerade die lustigen Gesellen Frosch, Brandner, Altmayer und Siebel gemeinsam zechen.

Der deutsche Historienmaler Wilhelm von LINDENSCHMIT (der Jüngere) (*1829, †1895) hat in seinem Gemälde „Auerbachs Keller“, das in der Abbildung 64 wiedergegeben ist, dieses kannibalische Wohlbefinden lebensnah und anschaulich dargestellt.

Abb. 64: Auerbachs Keller

Nachdem Mephisto die zechenden Gesellen auffordert,

die Pfropfen zu ziehen und den verlangten Wein zu genießen,

besingen alle miteinander diesen herrlichen, äußerst angenehmen und berauschenden Moment, der im Hinblick auf den mitunter sehr groben und derben Volksmund wohl nur mit dem Dasein von fünfhundert sudelnden und glücklich grunzenden Säuen verglichen werden kann.

Die auch heute noch in der Alltagssprache vernehmbaren Redensarten vom „sich sauwohl fühlen“ oder „Schwein gehabt“

sind ein weiterer Hinweis darauf, dass seit dem Mittelalter ein Schwein als ein Symbol für Wohlstand, Fruchtbarkeit und Stärke galt, woraus sich auch der Mythos eines Schweins als ein Glücksbringer erklären lässt.

Ernüchternd

> Setz dir Perücken auf von Millionen Locken,
> setz deinen Fuß auf ellenhohe Socken,
> du bleibst doch immer, was du bist.

Ja, wer hätte einen solchen zynisch wirkenden und lebensnahen Aphorismus trefflicher formulieren können als Mephistopheles in GOETHES Faust, der auf Fausts zweifelbeladener und „von Tollheit halb bewusster" Klage

Was bin ich denn, wenn es nicht möglich ist,
der Menschheit Krone zu erringen,
nach der sich alle Sinne dringen?

diese ernüchternd wirkende Antwort vom bizarren und trügerischen Schein einer Perücke von Millionen Locken und von ellenhohen Socken parat hat.

Abb. 65: Trügerischer Schein

Die Abbildung 65 gewährt einen bildhaften Zugang zu den prägenden Begriffen des Mephisto-Aphorismus.[61]

Eine Perücke, die in Anlehnung an das Französische *péruque* mit „Haarschopf" übersetzt werden kann, galt schon bei den Ägyptern und Babyloniern nicht nur als ein modisches, sondern zugleich und vor allem als ein würdevolles Zeichen.

Insbesondere unter dem französischen König LOUIS XIV (*1638, †1715), der in den Geschichtsbüchern als „le Roi Soleil" oder „Sonnenkönig" bezeichnet wurde, erfuhr die Allonge-Perücke, die aus langen lockigen Strähnen gedrehte Haartracht, ihren modischen Höhepunkt als Bestandteil höfischer Kleidung.[62]

Eine Socke war in Anlehnung an das Griechische *sykchos* bzw. an das Lateinische *soccus* bei den „alten" Griechen und Römern die Bezeichnung für einen leichten und flachen Schlüpfschuh. Schlüpfschuhe, auch Schlupfstrümpfe genannt, waren bereits im Mittelalter die kennzeichnenden Fußbekleidungen von Komödienschauspielern.[63]

Im Sinne Mephistos sind ellenhohe Socken schlechthin ein anormales, komödiantisches und zugleich belehrendes Sinnbild.

Die Redensarten

> … *sich auf die Socken machen* … *von den Socken zu sein* …

sind auch heute noch in der Alltagssprache zu vernehmen. Während die erstgenannte Redensart ein Weggehen bzw. ein Aufbrechen indiziert, wird mit den beiden nachfolgenden Redensarten eine nicht vorhersehbare Überraschung kommentiert.

---

61 Vgl. GOETHE, Faust, Der Tragödie erster Teil, Studierzimmer

62 Vgl. BROCKHAUS, Enzyklopädie in 30 Bänden, 21., völlig neu bearbeitete Auflage, Leipzig, Mannheim 2006, Band 21, Seite 264 ff

63 Vgl. WAHRIG, Gerhard: Deutsches Wörterbuch, Mit einem Lexikon der deutschen Sprachlehre, 6., neu bearbeitete Auflage, Bertelsmann Lexikon Verlage Gütersloh 1997, Seite 1142

Eine Elle ist eines der ältesten natürlichen Längenmaße, das ursprünglich vom gleichnamigen menschlichen Unterarmknochen abgeleitet wurde und vor allem im Schneiderhandwerk weit verbreitet war.

Während im 19. Jahrhundert zum Beispiel eine preußische Elle metrisch mit 66,8 cm bemessen war, machte im Vergleich dazu eine bayrische Elle mit 83,3 cm das nahezu 1,25-Fache einer preußischen Elle aus.[64]

Freudevoll

> Seid umschlungen Millionen!

Dieses zum geflügelten Wort gewordene numerische Gleichnis beruht auf dem Gedicht „An die Freude" des deutschen Dichters Friedrich von SCHILLER (*1759, †1805).

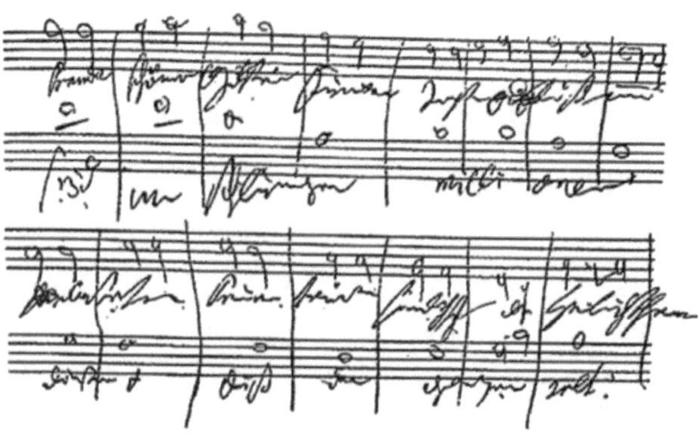

Abb. 66: Faksimile: Ode an die Freude

Der Genius der klassischen Musik Ludwig van BEETHOVEN (*1770, †1827) greift diese Metapher von SCHILLER in seiner neunten und zugleich letzten Sinfonie in d-Moll auf, indem er

64 Vgl. BROCKHAUS, Enzyklopädie in 30 Bänden, 21., völlig neu bearbeitete Auflage, Leipzig, Mannheim 2006, Band 7, Seite 779

im vierten Satz einen Chor die berühmte Sinfoniekantate „Ode an die Freude“ singen lässt. Das Faksimile der „Ode an die Freude“ wird als eine „fotografische Kopie“ in der Abbildung 66 angeboten. Im Jahr 1986 wurde die Ode würdigend zur Europahymne und 2001 zum Weltkulturerbe erkoren.[65]

BEETHOVEN komponierte trotz völliger Taubheit dieses monumentale musikalische Werk und dirigierte am 7. Mai 1824 dessen Uraufführung – schlichtweg einfach unfassbar!

Aus musikhistorischer Sicht ist die folgende Randglosse beachtenswert: Bereits in begründeter und schauervoller Vorahnung auf seine Gehörlosigkeit komponierte BEETHOVEN die ersten Takte seiner fünften Sinfonie in c-Moll, die auch als Schicksalssinfonie bezeichnet wird, im Rhythmus einer Sarabande und vermerkte der Legende nach die ersten Takte mit dem Kommentar:

So klopft das Schicksal an die Pforte!

Der österreichische Romancier und Schriftsteller Stefan ZWEIG (*1881, †1942) bedient sich in seinen „Sternstunden der Menschheit“ des Goethe´schen Gleichnisses von der „geheimnisvollen Werkstatt Gottes“,

> … in der immer Millionen müßige Weltstunden verrinnen müssen, ehe eine wahrhaft historische, eine Sternstunde der Menschheit in Erscheinung tritt.[66]

Die neunte Sinfonie mit der Kantate „Ode an die Freude“ ist eine solche Sternstunde der Menschheit.

---

65 Vgl. BROCKHAUS, Enzyklopädie in 30 Bänden, 21., völlig neu bearbeitete Auflage, Leipzig, Mannheim 2006, Band 3, Seite 468 ff und Band 8, Seite 534

66 Vgl. ZWEIG, Stefan: Sternstunden der Menschheit, Zwölf historische Miniaturen, Aufbau Verlag Berlin und Weimar, 2. Auflage 1979, Seite 5

Zum Wohl

So nehmet auch den schönsten Krug,
den wir mit frischem Trank gefüllt,
dass er nicht nur den Durst Euch stillt:
Die Zahl der Tropfen, die er hegt,
sei Euren Tagen zugelegt.[67]

Abb. 67: Der schön(st)e Krug

Welch´ eine würdigende Einladung und optimistische Lebensprognose, die Faust vom „alten Bauer" im „Volksgedränge" bei den „Bauern unter der Linde" erfährt. Als hätte dieses Faust am Ende seines berühmten Osterspaziergangs mit seinem Begleiter Wagner geahnt, wenn er emphatisch verkündet:

Ich höre schon des Dorfs Getümmel,
hier ist des Volkes wahrer Himmel,
zufrieden jauchzet Groß und Klein,
hier bin ich Mensch, hier darf ich´s sein.

---

[67] Vgl. GOETHE, Faust, Der Tragödie erster Teil, Vor dem Tor, Faust und Wagner, Bauern unter der Linde

4 Die magische Zahl

4.1 Die magische Zahl Fünfzehn

Quadratisch

Gleich, wie man zum Beispiel die natürlichen Zahlen von eins bis neun auch anzuordnen gedenkt, man benötigt (so trivial es auch klingen mag) insgesamt neun Plätze, auf die man die neun Zahlen platzieren kann. Eine mögliche und anschauliche Anordnung der neun Plätze stellt eine quadratische Anordnung mit drei Zeilen und drei Spalten dar.

In Anlehnung an das Lateinische *quadratum* ist ein Quadrat die Bezeichnung für ein Viereck mit vier gleichlangen Seiten und vier rechten Winkeln. Teilt man die gleichlangen Seiten eines Quadrats in drei gleichgroße Segmente, dann erhält man analog zur Abbildung 69 ein quadratisches Feld der Ordnung n = 3 mit

$$n^2 = 3^2 = 3 \cdot 3 = 9$$

gleichgroßen Feldern, die im gegebenen Fall der Anschaulichkeit halber und zur Verdeutlichung des Begriffs von einem Zahlenquadrat mit den natürlichen Zahlen von 1 bis 9 besetzt wurden.

1	2	3
4	5	6
7	8	9

Abb. 68: Zahlenquadrat

Dieser „natürliche“ Zahlenbesatz ist „nur eine“ von insgesamt

$$9! = 1 \cdot 2 \cdot 3 \cdot \dots \cdot 9 = 362880$$

Möglichkeiten, die natürlichen Zahlen von 1 bis 9 auf die neun quadratisch angeordneten Felder zu platzieren.

In der Kombinatorik, die gemäß ihrem lateinischen Wortursprung die Lehre von der Zusammenstellung von Elementen ist, kennzeichnet man diese Berechnungsvorschrift als eine Permutation von 9 Elementen ohne Wiederholung. Gemäß ihrem lateinischen Wortursprung kennzeichnet eine Permutation einen Wechsel von Elementen. Die verkürzende „faktorielle“ Notation 9! (lies: *neun Fakultät*) geht auf den französischen Mathematiker Christian KRAMP (*1760, †1826) zurück, der auch die Bezeichnung „faculté“ einführte.[68]

Ungeachtet der kombinatorischen Vielfalt eines „numerischen Felderbesatzes“ wird in der Abbildung 68 augenscheinlich, dass die Zahl Fünf im wahren Sinne des Wortes die „Mitte“ des Zahlenbesatzes symbolisiert.

Ein Statistiker würde diesen Sachverhalt anhand der Zahlenfolge

$$1, 2, 3, 4, \underline{5}, 6, 7, 8, 9$$

damit begründen, dass die Fünf im Ensemble der neun natürlichen und aufsteigend geordneten Zahlen den *Median* kennzeichnet, der gemäß seinem lateinischen Wortursprung ein Wert bzw. eine Zahl ist, der bzw. die in der Mitte einer geordneten Zahlenfolge steht.

Im konkreten Fall würde ein Statistiker zugleich auch noch die statistische Kennzahl des *arithmetischen Mittels*

$$\frac{1 + 2 + \cdots + 9}{9} = \frac{45}{9} = 5$$

auf die Bühne des Geschehens ziehen, um nicht nur die mittlere, sondern auch die durchschnittliche Repräsentanz der Fünf in der betrachteten Zahlenfolge zu begründen.

---

[68] Eine elementare und paradigmatische Einführung in die Kombinatorik findet man bei ECKSTEIN, Peter P.: Repetitorium Statistik – Deskriptive Statistik, Stochastik, Induktive Statistik, 8., aktualisierte und erweiterte Auflage, Springer Gabler Wiesbaden 2014, Kapitel 11, Seite 176 ff.

Eine anschauliche, nachvollziehbare und merkantilistisch geprägte Interpretation eines arithmetischen Mittels als ein durchschnittlicher Repräsentant von Einzelwerten gewährt die folgende Darstellung, die auf der Summeneigenschaft eines arithmetischen Mittels beruht: Denkt man sich eine Wertsumme von 45 € gleichmäßig und „gerecht" auf 9 quadratisch angeordnete Felder verteilt, dann werden analog zur Abbildung 69 auf jedem Feld 5 € hinterlegt. In der Statistik versieht man diesen Vorgang mit dem Etikett einer Gleichverteilung.

5	5	5
5	5	5
5	5	5

Abb. 69: Gleichverteilung

Was angesichts der Abbildung 69 in einem ersten Augenblick trivial und doch magisch erscheint, ist das Faktum, dass eine zeilenweise, spaltenwiese, diagonale oder beliebige Summation von jeweils drei „Fünfer-Werten" stets die Zahl 15 liefert.

Betrachtet man die ungerade natürliche Zahl 15 im Spiegel der sogenannten Primfaktorzerlegung, dann kann sie wegen

$$3 \cdot 5 = 15$$

auch mit Hilfe der beiden Primzahlen 3 und 5 dargestellt werden, die wiederum wegen

$$5 - 3 = 2$$

als Primzahlzwillinge identifiziert werden können.

Bemerkenswert ist in diesem Zusammenhang, dass bereits im „natürlichen" Zahlenquadrat innerhalb der Abbildung 68 sowohl die mittlere Zeilensumme

$$4 + 5 + 6 = 15$$

als auch die mittlere Spaltensumme

$$2 + 5 + 8 = 15$$

sowie die beiden Diagonalsummen

$$1 + 5 + 9 = 3 + 5 + 7 = 15$$

die „magisch anmutende“ Zahl 15 indizieren.

Bei einer näheren Betrachtung der jeweiligen Summanden dieser vier gleichgroßen Summen wird augenscheinlich, dass im gegebenen Fall entweder ein Summand oder alle drei Summanden eine ungerade Zahl sein müssen, damit auch die Summe die ungerade Zahl 15 ergibt.

Eine Frage, die sich in diesem Zusammenhang zwangsläufig aufdrängt, ist die folgende:

Frage

Wie oft ist auf der Basis der natürlichen Zahlen von 1 bis 9 die Zahl 15 als Summe mit Hilfe dreier wohl voneinander verschiedener Summanden darstellbar?

Eine Antwort auf diese Frage gewähren die insgesamt acht wohl voneinander verschiedenen dreigliedrigen Summen:

$$1 + 5 + 9 = 15 \qquad 1 + 6 + 8 = 15$$
$$2 + 5 + 8 = 15 \qquad 2 + 6 + 7 = 15$$
$$3 + 5 + 7 = 15 \qquad 3 + 4 + 8 = 15$$
$$4 + 5 + 6 = 15 \qquad 4 + 2 + 9 = 15$$

Ein interessanter und zur Konstruktion eines magischen Quadrats beachtenswerter Befund kann wie folgt zusammengefasst werden: Während die Zahl 5 als Summand insgesamt viermal erscheint, treten die geraden Zahlen 2, 4, 6 und 8 jeweils dreimal und die ungeraden Zahlen 1, 3, 7 und 9 jeweils zweimal als Summanden auf.

Ein Blick auf die Abbildung 70 erleichtert die Lösung des Problems, das darin besteht, die acht dreigliedrigen Summen in den quadratisch angeordneten neun Feldern geeignet auf die acht mit Kennzahlen versehenen Segmente mit jeweils drei Feldern zu platzieren.

Aufgrund dessen, dass sich die vier Segmente der Ordnung 2, 5, 7 und 8 im mittleren Feld kreuzen und die Zahl 5 insgesamt viermal als Summand auftritt, ist es logisch nachvollziehbar, die 5 in der Mitte des quadratischen Feldes zu platzieren.

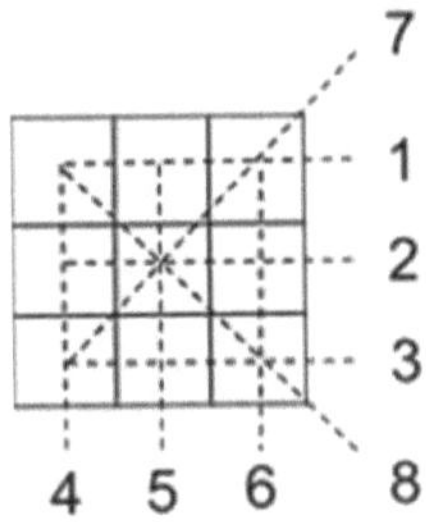

Abb. 70: Acht Summen

Damit verbleiben nur noch vier Summenoptionen mit einer 5 als Summand, die es auf die vier dreigliedrigen Segmente der Ordnung 2, 5, 7 und 8 zu platzieren gilt. Da augenscheinlich die ungeraden Zahlen 1, 3, 7 und 9 jeweils nur zweimal in Erscheinung treten, kann man sie nur den zwei mittleren Segmenten der Ordnung 2 und 5 zuordnen, die jeweils durch drei ungerade Summanden getragen werden.

In der Abbildung 71 ist diese partielle Zuordnung als eine von theoretisch acht möglichen und gleichwertigen Zwischenergebnissen protokolliert.

	1	
3	5	7
	9	

Abb. 71: Zwischenergebnis

Auf dieser Konstruktionsstufe eines magischen Quadrats gilt es nun noch, vier der sechs dreigliedrigen Summen mit nur einer ungeraden und zwei geraden Zahlen auf die vier „leeren" Ecken des Zahlenquadrats zu platzieren.

Bedient man sich hinsichtlich der Abbildung 72 des bildhaften Gleichnisses von der Eins als einer „kleinen und schwachen" ungeraden Zahl, dann bleibt im Hinblick auf die magische Ergebniszahl 15 nur die Option, sie durch die zwei „starken" geraden Zahlen 8 und 6 zu stützen. Damit ist auch automatisch die letzte Zuordnung festgelegt und als Aufgabe gelöst. Die „starke" ungerade Zahl 9 kann dann nur noch durch die zwei vergleichsweise „schwachen" geraden Zahlen 4 und 2 ergänzt werden, um dem Summenpostulat von 15 gerecht zu werden.

Schlussendlich ist in der Abbildung 73 ein magisches Zahlenquadrat vermerkt, dass wiederum nur eine von acht möglichen und gleichwertigen magischen Quadraten kennzeichnet und bereits 2000 v.Chr. in China als „Saturnsiegel" bekannt war.[69]

8	1	6
3	5	7
4	9	2

Abb. 72: Magisches Quadrat

Die Probe auf´s Exempel bleibt dem interessierten Leser überlassen. Die Summe der drei Zeilen, der drei Spalten und der zwei Diagonalen liefern jeweils die magische Zahl 15.

Aus den paradigmatischen Betrachtungen zu einem magischen Quadrat der Ordnung n = 3 kann die folgende formale Darstellung eines magischen Zahlenquadrats entlehnt werden.

---

[69] Vgl. BROCKHAUS, Enzyklopädie in 30 Bänden, 21., völlig neu bearbeitete Auflage, Leipzig, Mannheim 2006, Band 17, Seite 421 ff

Allgemein subsumiert man unter dem Begriff eines magischen Quadrats der Ordnung n = 1, 2, 3, 4 … eine quadratische Anordnung der natürlichen Zahlen von 1 bis n^2, wobei für die Summe S_n der Zahlen in den n Zeilen und in den n Spalten sowie in den beiden Diagonalen jeweils

$$S_n = \frac{1}{2} \cdot n \cdot (n^2 + 1)$$

gilt. Die Summe S_n ist das numerische Charakteristikum eines magischen Zahlenquadrats, woraus sich auch ihre Etikettierung als eine magische Zahl erklärt. Die indizierte Summenformel selbst ist eine Modifikation der Gaußschen Summenformel.

Das magische Quadrat der Ordnung n = 3 in der Abbildung 72 mit seinen n^2 = 9 Feldern indiziert eine Anordnung der natürlichen Zahlen von 1 bis 9 derart, dass die 3 Zeilen- und die 3 Spaltensummen sowie die beiden Diagonalsummen stets die magische Zahl liefern:

$$S_n = \frac{1}{2} \cdot 3 \cdot (3^2 + 1) = 15.$$

Durchschnittlich magisch

Gleichwohl die nachfolgenden Betrachtungen einem Zahlenhokuspokus gleichen und im Faustschen Sinne als ein „schwerverdaulicher Zahlensalat“ gedeutet werden können, sollen sie dennoch als „Kostproben aus der Hexenküche“ auf die Bühne des sprichwörtlichen Geschehens gezogen und angeboten werden.

8	1	6
3	5	7
4	9	2

8	1	6
3	5	7
4	9	2

Abb. 73: Zahlentripelpaar

Die beiden in der Abbildung 73 indizierten, jeweils grau unterlegten und spiegelbildlich angeordneten Zahlentripel liefern in einer durchschnittlichen Betrachtung mit

$$\frac{(8 + 4 + 2) + (8 + 6 + 2)}{2} = 15$$

wiederum die magische Zahl 15. Dieser arithmetische Befund kann auch für die in der Abbildung 74 indizierten Zahlentripelpaare vermerkt werden, die wiederum nur eine Teilmenge möglicher Tripelbetrachtungen repräsentieren.

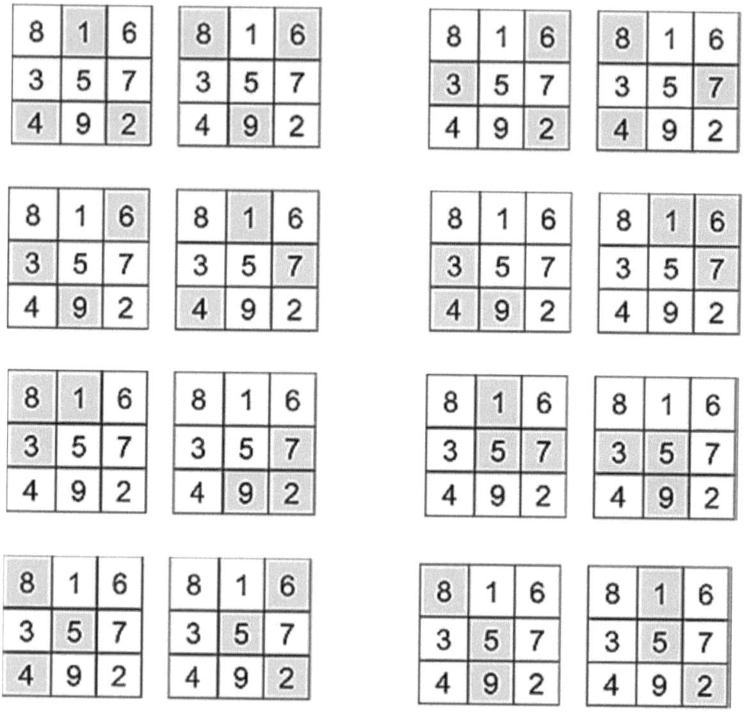

Abb. 74: Weitere Zahlentripelpaare

Was liegt im Hinblick auf die bildhaft dargestellten Zahlentripelpaare näher als sie mit dem folgenden Zahlenreim abzuschließen:

Zahlenzauber

Eins, zwei, drei – alles Zahlenzauberei.

Nullsummenspiel

Eine interessante Modifikation eines magischen Quadrats der Ordnung n = 3 gewährt die Abbildung 75.

3	-4	1
-2	0	2
-1	4	-3

Abb. 75. Magisches Quadrat

Das graue Button-Etikett trifft mit dem Gleichnis vom Nullsummenspiel „den Nagel auf den Kopf". Hier wird die oft verkannte und verschmähte Zahl Null, dieses unscheinbare und leere Oval, in die elitäre Phalanx magischer Zahlen aufgenommen.

Nicht nur, dass sie im Zentrum des magischen Quadrats steht, sie fungiert zugleich auch im additiven Sinne als der ruhende Pol in den zeilen- und spaltenhaften sowie diagonalen numerischen Pendelausschlägen.

Das Konstruktionsprinzip dieses Zahlenquadrats ist leicht nachvollziehbar und beruht auf der sogenannten Nulleigenschaft eines arithmetischen Mittels, wonach die Summe der Abweichungen der Einzelwerte von ihrem arithmetischen Mittel stets null ist. Aufgrund dessen, dass für das originäre magische Quadrat in der Abbildung 72 das arithmetische Mittel durch die Zahl 5 repräsentiert wird, braucht man lediglich von der jeweiligen Zahl im originären Zahlenquadrat die Zahl 5 zu subtrahieren, um das magische Quadrat in der Abbildung 75 zu erhalten.

Ein Kaufmann würde dieses magische Quadrat vermutlich mit dem merkantilistisch geprägten Reim kommentieren:

Außer Spesen nichts gewesen.

4.2 Die magische Zahl Vierunddreißig

Beeindruckend

Abb. 76: Albrecht Dürer, Melencolia[70]

---

[70] Vgl. STRIEDER, Peter: Dürer, Bechtermünz Verlag Augsburg 1996, Seite 259

Es steht außerhalb jeden Zweifels, dass der beeindruckende und wissensbeladene Kupferstich *Melencolia* des berühmten deutschen Malers und Kupferstechers der Renaissance und des Humanismus Albrecht DÜRER (*1471, †1528) in der Abbildung 76 einer detaillierten und würdigenden Betrachtung bedarf, die allerdings den Rahmen der angebotenen essayistischen Abhandlungen sprengen würde.

Melancholisch

Der bekannte Schweizer Dichter und Politiker Gottfried KELLER (*1819, †1890), ein glühender Verehrer Dürers, bringt seine Begeisterung für den Kupferstich in seinem laudaten Gedicht „Melancholie“[71] zum Ausdruck. Während die erste Strophe mit

Sei mir gegrüßt, Melancholie,
die mit dem leisen Feenschritt
im Garten meiner Phantasie
zu rechter Zeit ans Herz mir tritt!

beginnt, endet das laudate Gedicht mit der fünften Strophe:

Noch fühl ich dich so edel nicht,
wie Albrecht Dürer dich geschaut:
Ein sinnend Weib, von innerm Licht erhellt,
des Fleißes schönste Braut,
umgeben reich von aller Werke Zeichen,
mit milder Trauer angetan:
Sie sinnt – der Dämon muss entweichen
vor des Vollbringens reifem Plan.

Die Melancholie, die gemäß ihrem griechischen Wortursprung den menschlichen Körpersaft der „schwarzen Galle“ symbolisiert und psychologisch einen schwermütigen menschlichen Gemütszustand umschreibt, war in der Renaissance, der Zeit der Wiedererweckung, eher ein Inbegriff der Nachdenklichkeit als der Schwermut.

---

[71] Vgl. Gottfried KELLER, Sämtliche Werke, Band 2, Verlag Benteli, Bern und Leipzig 1937, Seite 157 ff

Das Zahlenquadrat der Melencolia

Im Hinblick auf die Kapitelüberschrift soll ein Zahlenquadrat im Zentrum der essayistischen Betrachtungen stehen, das im Kupferstich oberhalb der engelsgleichen, melancholisch anmutenden und/oder nachdenklich wirkenden Melencolia und unterhalb der Glocke sowie in unmittelbarer Nachbarschaft zu einer Sanduhr vermerkt und leicht zu übersehen ist.

Der Anschaulichkeit und Nachvollziehbarkeit sind das originäre und das transkribierte Zahlenquadrat der Melencolia in der Abbildung 77 wiedergegeben. Seinem Wesen nach ist das Zahlenquadrat der Ordnung $n = 4$ ein magisches Quadrat, das insgesamt aus $n^2 = 4^2 = 16$ Feldern besteht, auf denen die natürlichen Zahlen von 1 bis 16 vermerkt sind.

16	3	2	13
5	10	11	8
9	6	7	12
4	15	14	1

Abb. 77: Zahlenquadrat der Melencolia

Die Zahl Sechszehn

Aus zahlentheoretischer Sicht interessant und notierenswert ist das Faktum, dass sich die gerade natürliche Zahl 16 wegen

$$4 \cdot 4 = 4^2 = 2^4 = 16$$

der selten in Erscheinung tretenden Eigenschaft einer reversiblen Potenz rühmen darf.

Die Eigenschaft einer reversiblen oder umkehrbaren Potenz erklärt sich daraus, dass sie in ihrer Darstellung als eine Potenzzahl einen Austausch der Basiszahl und des Exponenten zulässt, ohne ihre dezimale Wertigkeit in Frage stellen zu müssen.

Erstaunlich

Zugleich erstaunlich und doch kaum fassbar erscheint der Hinweis darauf, dass die Anordnung der natürlichen Zahlen von 1 bis 16 auf die quadratisch angeordneten 16 Felder nur eine von insgesamt

$$16! = 1 \cdot 2 \cdot 3 \cdot \dots \cdot 16 = 20.922.789.888.000$$

theoretisch möglichen und wohl voneinander verschiedenen Anordnungen darstellt. Verbal ausgedrückt gibt es nahezu 21 Billionen verschiedene Möglichkeiten, die 16 Felder mit den indizierten Zahlen zu besetzen. In der Kombinatorik subsumiert man diesen Sachverhalt unter einer Permutation von 16 Elementen ohne Wiederholung.

Die Magische Zahl 34

Mit Bezug auf die Betrachtungen im Kontext des Kapitels 4.1 ergibt sich für ein magisches Quadrat der Ordnung $n = 4$ mit seinen $n^2 = 4^2 = 16$ Feldern wegen

$$S_4 = \frac{4 \cdot (4^2 + 1)}{2} = 2 \cdot 17 = 34$$

eine magische Zahl von 34, die wiederum in einer Primfaktorzerlegung durch die beiden Primzahlen 2 und 17 darstellbar ist.

Primzahlzwillinge

Dass die Summe

$$2 + 17 = 19$$

aus beiden Primzahlfaktoren 2 und 17 ergibt die Primzahl 19. Dieser scheinbar triviale arithmetische Sachverhalt ist dahingehend notierenswert, da wegen

$$19 - 17 = 2$$

die Siebzehn und die Neunzehn zur elitären Phalanx der Primzahlzwillinge gehören und allein im indizierten Zahlenquadrat die vierten Primzahlzwillinge repräsentieren.

Das magische Quadrat

Der interessierte und wissensdurstige Leser erahnt bereits jetzt schon, dass noch mehr faszinierende Phänomene sehnsüchtig darauf warten, auf der Bühne des numerischen Geschehens erscheinen und bestaunt werden zu dürfen.

In einem ersten Auftritt erscheinen in der Abbildung 78 die Zeilen- und die Spaltensummen, die sich in ihrer additiven Darstellung jeweils mit der magischen Zahl 34 schmücken.

16	3	2	13	34
5	10	11	8	34
9	6	7	12	34
4	15	14	1	34

16	3	2	13
5	10	11	8
9	6	7	12
4	15	14	1
34	34	34	34

Abb. 78: Zeilen- und Spaltensummen

In einem zweiten Auftritt erscheint in der Abbildung 79 die magische Zahl 34 als das Resultat der beiden Diagonalsummen.

16	3	2	13
5	10	11	8
9	6	7	12
4	15	14	1
			34

16	3	2	13
5	10	11	8
9	6	7	12
4	15	14	1
34			

Abb. 79: Diagonalsummen

In einem dritten Auftritt offenbart sich in der Abbildung 80 die magische Zahl 34 jeweils als die Summe der parallel zur Haupt- und zur Nebendiagonalen platzierten Zahlen.

16	3	2	13
5	10	11	8
9	6	7	12
4	15	14	1
	34		

16	3	2	13
5	10	11	8
9	6	7	12
4	15	14	1
		34	

Abb. 80: Parallelsummen

Ein vierter und zugleich imposanter Auftritt der magischen Zahl 34 wird in der Abbildung 81 sowohl durch die Summe der vier äußeren Eckzahlen als auch durch die Summe der vier inneren Eckzahlen augenscheinlich.

16	3	2	13
5	10	11	8
9	6	7	12
4	15	14	1

16	3	2	13
5	10	11	8
9	6	7	12
4	15	14	1

Abb. 81: Eckzahlensummen

Im wahren Sinn des Wortes vermitteln die Abbildungen 82 und 83 nicht nur ein zauberhaftes, sondern zugleich auch noch ein bezauberndes Erscheinungsbild der magischen Zahl 34.

Im Hinblick auf die Abbildung 82 und 83 erweisen sich die folgenden Randglossen als hilfreich: In Anlehnung an das kartesische Koordinatensystem, das auf den französischen Philosophen, Mathematiker und Naturwissenschaftler René DESCARTES (*1596, †1650) zurückgeht und nach ihm benannt ist, wird der Quadrant rechts oben im Zahlenquadrat als der erste Quadrant kennzeichnet. Die restlichen drei Quadranten werden konventionell entgegen dem Uhrzeigersinn mit den Ordnungszahlen zweiter, dritter und vierter Quadrant versehen.

Diese ungewöhnliche Nummerierung erklärt sich aus dem mathematisch positiven Umlaufsinn, auch Linksdrehung genannt, wonach ein Punkt im ersten Quadranten eines kartesischen Koordinatensystems jeweils positive Koordinaten besitzt.

Der Begriff *Quandrant* selbst ist dem lateinischen Terminus *quadrans* entlehnt, der einen vierten Teil einer Fläche kennzeichnet.[72]

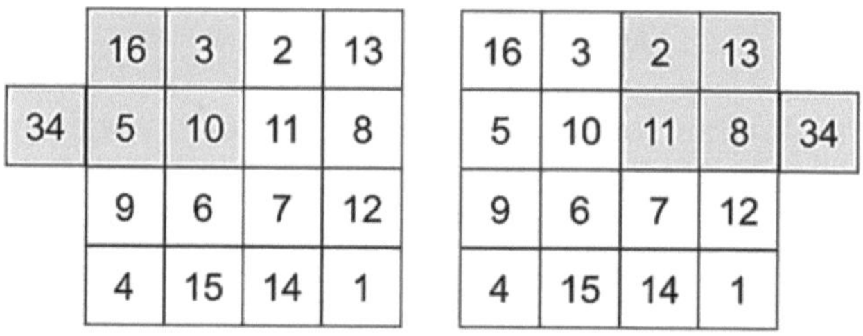

Abb. 82: Zweite und erste Quadrantsumme

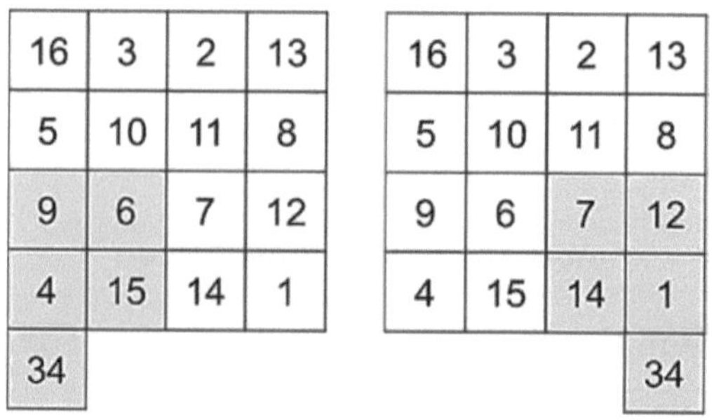

Abb. 83: Dritte und vierte Quadrantsumme

[72] Vgl. BROCKHAUS, Enzyklopädie in 30 Bänden, 21., völlig neu bearbeitete Auflage, Leipzig, Mannheim 2006, Band 14, Seite 526

Was diesem Zahlenzauber noch „die Krone aufzusetzen vermag“ ist der Hinweis darauf, dass analog zur Abbildung 84 in der vierten Zeile des magischen Quadrats die gematrischen Initialen von Albrecht DÜRER vermerkt sind.

16	3	2	13
5	10	11	8
9	6	7	12
4	15	14	1

Abb. 84: Gematrischer Code

Gemäß dem hebräischen *gimatr-ja* bezeichnet man die Interpretation von Buchstaben oder Worten mit Hilfe von Zahlen als eine gematrische Darstellung. Dass im lateinischen Alphabet die Zahl 4 für den vierten Buchstaben D und die Zahl 1 für den ersten Buchstaben A steht und beide Buchstaben zugleich auch noch identisch sind mit den Anfangsbuchstaben des Namens von A(brecht) D(ürer), welche dann auch noch die Jahreszahl 1514 einrahmen, ist alles in allem nicht nur genial, sondern faszinierend zugleich.

Mit dem Hinweis darauf, dass die angebotenen essayistischen Abhandlungen in erster Linie einem allgemeinbildenden Ansatz folgen, soll noch vermerkt werden, dass der Begriff *Alphabet* nichts anderes kennzeichnet, als eine geordnete Auflistung von Buchstaben, die im Hinblick auf das griechische Alphabet eben mit den Buchstaben *Alpha* und *Beta* beginnen, woraus sich der Alphabet-Begriff semantisch erklären lässt.

Die Wortursprungserklärung für den Begriff *Buchstabe* ist im Gegensatz dazu nicht eindeutig und umstritten. In Erinnerung an die eigene Schulzeit bleibt das bildhafte Gleichnis von „den Zeichen, die man in einen Buchenstab einritzt“, in fester und bildhaft nachvollziehbarer Erinnerung.

4.3 Magische Quadrate der besonderen Art

Quadrieren

Quadrierte Monotonie erzeugt palindrome Symmetrie.

	A	B	C
1	Basis	Exponent	Ergebnis
2	1	2	1
3	11	2	121
4	111	2	12321
5	1111	2	1234321
6	11111	2	123454321
7	111111	2	12345654321
8	1111111	2	1234567654321
9	11111111	2	123456787654321
10	111111111	2	12345678987654321

Abb. 85: Zahlenpalindrome

Das beeindruckende numerische Ergebnisbild in der Abbildung 85 ist weniger von mathematischer als von unterhaltender und erheiternder Bedeutung.

Zumindest gewährt es eine anschauliche Darstellung des Begriffs von einem Zahlenpalindrom in Gestalt der aufgelisteten Ergebnisse. Letztere beruhen auf den einstelligen Ziffern von 1 bis 9 und indizieren vorwärts wie rückwärts ein gleichartiges Ziffernbild.

Inhaltsleer und trotzdem faszinierend!

5 Die rätselhafte Zahl

5.1 Zahlenreime als Rätsel

Rätselhaft

Dies Haus ist mein und doch nicht mein,
beim Zweiten wird es auch so sein.
Dem Dritten wird es übergeben,
doch der wird auch nicht ewig leben.
Der Vierte ziehet ein und aus, nun sag´ mein Freund:
Wem gehört das Haus?

Gleich, ob man als Wanderer den herrlichen Rheinsteig oder den traumhaften Moselsteig bevorzugt, man findet in vielen Orten insbesondere an alten Häusern interessante Lebensweisheiten originell vermerkt, die von einem erheiternden Reim auf den Wein bis hin zu einem solchen Rätsel reichen, das in seinem Original in der Abbildung 86 angezeigt wird.

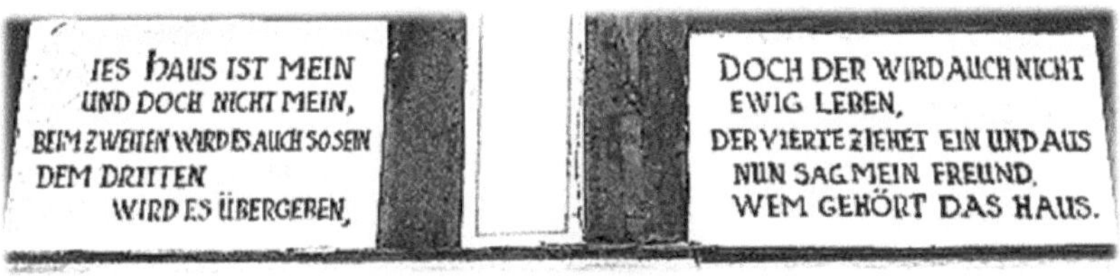

Abb. 86: Hausrätsel

Die Antwort auf die rätselhafte Frage, wem das Haus gehört, ist ernüchternd und macht einem Bang: Letzten Endes gehört es dem Sensenmann.

Der Gevatter „mit der Sense auf der Schulter und im langen Hemd, das keine Taschen mehr hat“, ist eine aus dem Mittelalter stammende personifizierte Allegorie auf den Tod.

Zufallsbedingt

Wir lieben den Becher und trinken doch nicht.
Wir haben zwar Augen und doch kein Gesicht.
Meist Zwillinge sind wir, oft Drillinge gar.
Haben zufallsbedingte Auftritte nicht nur am Biertisch,
sondern in Vorlesungen sogar.

Abb. 87: Würfelbecher

Die Abbildung 87 offenbart des Rätsels Lösung: Es sind gewöhnliche Spielwürfel. Dass sie am Biertisch mit ihren Auftritten dazu beitragen, zu entscheiden, wer von den Biertischbeisitzern die letzte Runde zahlt, ist in Erinnerung an die eigene Studienzeit heute noch lebendig.

Um Studierende mit der Grundidee eines statistischen Tests im Allgemeinen und eines Anpassungstests auf eine diskrete Gleichverteilung im Speziellen vertraut zu machen, führt ein Statistik-Professor mit ihnen gemeinsam in einer seiner Vorlesungen das folgende Zufallsexperiment durch:

Ein gewöhnlicher sechsseitiger Spielwürfel wird von den Vorlesungsteilnehmern wird unabhängig voneinander und unter gleichen Versuchsbedingungen mit Hilfe eines Würfelbechers und einer festen Unterlage insgesamt sechzigmal geworfen und die jeweils erzielte Augenzahl notiert.[73]

Da man im Vorfeld des praktizierten Experiments keine Kenntnisse über die Beschaffenheit des benutzten Spielwürfels hat, also nicht weiß, ober er „ideal“ oder „gezinkt“ ist, bleibt einem keine andere Wahl, als das in Rede stehende Zufallsexperiment durchzuführen. Gleichsam wie ein „statistischer Detektiv“ gilt es dabei, anhand des vorliegenden Zufallsstichprobenbefundes mit Hilfe eines geeigneten statistischen Tests auf einem vorab vereinbarten Signifikanzniveau die sogenannte Nullhypothese, wonach „der Würfel ideal ist“ gegen die sogenannte Alternativhypothese, wonach „der Würfel gezinkt ist“, zu überprüfen.

Allein in fünfundvierzig semesterbezogenen und protokollierten Experimenten, musste nur einmal die Nullhypothese „vom idealen Würfel“ verworfen und die Alternativhypothese „vom gezinkten Würfel“ angenommen werden, obgleich der Würfel „in Wirklichkeit“ nicht gezinkt war.

Irren ist also nicht nur menschlich, sondern immer auch eine zu beachtende Schattenseite statistischer Testentscheidungen. Andererseits darf ein Testbefund, bei dem im konkreten Fall die Nullhypothese nicht verworfen wird, keineswegs dahingehend gedeutet werden, dass die Ausgangsvermutung „von einem idealen Würfel“ richtig ist.

So wie zum Beispiel ein Gericht „aus Mangel an Beweisen“ von einer nicht bewiesenen Unschuldsvermutung eines Angeklagten ausgeht, so hält man in der Induktiven Statistik „aus Mangel an Abweichungen eines Stichprobenbefundes von einer Ausgangs-

---

[73] Vgl. ECKSTEIN, Peter P.: Statistik für Wirtschaftswissenschaftler, Eine realdatenbasierte Einführung mit SPSS, 5., aktualisierte und erweiterte Auflage, Springer Gabler Wiesbaden 2016, Seite 251 ff oder ECKSTEIN, Peter P.: Repetitorium Statistik, Deskriptive Statistik – Stochastik – Induktive Statistik, 8., aktualisierte und erweiterte Auflage, Springer Gabler Wiesbaden 2014, Seite 316 ff

vermutung“ an dieser fest, ohne damit allerdings ihre Richtigkeit oder Gültigkeit empirisch nachgewiesen zu haben. Gemäß ihrem lateinischen Wortursprung ist die Induktive Statistik die „vom Teil aufs Ganze schließende Statistik“.

Selbsterklärend

Man sagt, ich sei natürlich, aber ungerade.
Als Primzahl komm´ ich nicht infrage.
Dafür, so sagt man, zähl´ ich zu den Potenten,
darstellbar mit gleicher Basis und gleichem Exponenten.
Auf zwei Beinen steh´ ich,
links der Zehner, rechts der Einer,
beides Primzahlen, nur welche, das sagt keiner.
Noch schwerer zu erraten
sind zwei Tripel von Quadraten.
Zum Schluss ein Hinweis - exemplarisch:
zwölfmal erschein´ ich im Jahr kalendarisch.

Vom Ende her betrachtet ergibt sich die folgende Lösung: Das kalendarische Erscheinungsbild ist ein Hinweis auf die zwölf Monate eines Jahres. Da ein Monat maximal einunddreißig Tage umfasst und die gesuchte Zahl auf zwei „Beinen“ stehen soll, können nur die zweiziffrigen natürlichen Zahlen von 10 bis 31 von Belang sein. Beachtet man zudem die einschränkenden Prämissen, wonach die zu findende Zahl ungerade und keine Primzahl sein soll und zudem sowohl der Zehner als auch der Einer als Primzahlen in Erscheinung treten, dann sind nur noch die natürlichen Zahlen 25 und 27 von weiterem Interesse.

Zur Vermeidung von Irritationen sei an dieser Stelle nochmals darauf verwiesen, dass die Eins wegen der multiplikativen Identität nicht zur elitären Phalanx der Primzahlen gehört. Während die Zwei die erste und einzige gerade Primzahl ist, repräsentieren die ungeraden natürlichen Zahlen Drei, Fünf und Sieben die der Zwei nachfolgenden Primzahlen.

Aufgrund dessen, dass sich sowohl die Fünfundzwanzig als auch die Siebenundzwanzig wegen

$$5^2 = 25 \text{ und } 3^3 = 27$$

als Potenzzahlen darstellen lassen, hat man schlussendlich im Hinblick auf die Abbildung 88 des Rätsels Lösung gefunden.

Abb. 88: Des Rätsels Lösung

Die Siebenundzwanzig ist in diesem Potenzzahlenpaar die „patente Lösung“, da sie mit einer gleichen Basis und einem gleichen Exponenten mittels der Primzahl Drei dargestellt werden kann.

Vermerkt man zum Schluss mit

$$3^2 + 3^2 + 3^2 = 27 \text{ und } 5^2 + 1^2 + 1^2 = 27$$

die noch zu erratenden und additiv verknüpften Tripel von Quadraten, dann darf endlich der mit des Rätsels Lösung geschmückte Sektkorken vermehrbar laut knallen. Dies gilt natürlich auch und vor allem für diejenigen, die an einem Siebenundzwanzigsten ihren Geburtstag feierlich begehen.

Rechnerisch

> Was ist mehr, die Vier fünfmal vervierfacht
> oder die Fünf viermal verfünffacht?

Unter der Prämisse, dass die Zahl Vier insgesamt fünfmal mit sich selbst faktoriell verknüpft wird, erhält man ein Ergebnis von

$$4 \cdot 4 \cdot 4 \cdot 4 \cdot 4 = 4^5 = 1024.$$

Analog erhält man für die Zahl Fünf, wenn man sie insgesamt viermal mit sich selbst faktoriell verknüpft, ein Ergebnis von

$$5 \cdot 5 \cdot 5 \cdot 5 = 5^4 = 625.$$

Des Rätsels Lösung im Erscheinungsbild reversibler Potenzen fällt augenscheinlich zugunsten der Vier aus.

Vollkommen

Man nennt mich vollkommen, auch ideal.
In summa sind meine echten Teiler
gleich meinem natürlichen Numeral.
Zusammen mit meinem reziproken Numeral
ergeben meine reziproken echten Teiler
in summa welche Zahl?

In der Mathematik kennzeichnet man eine natürliche Zahl n als eine vollkommene oder ideale Zahl, wenn die Summe ihrer echten Teiler gleich der Zahl n ist.

Ein echter Teiler als ein sogenannter Divisor ist per Definition eine natürliche Zahl, durch die ein Dividend, also „eine zu teilende“ Zahl n, ohne Rest teilbar ist und die zugleich kleiner als die zu teilende Zahl n ist. Dies ist eine plausible und nachvollziehbare Erklärung dafür, warum in ein Ensemble echter Teiler in der Gestalt positiver ganzer Zahlen wohl die Zahl 1, aber nicht die Zahl n eingeschlossen wird.

In der griechischen Antike waren bereits die vier vollkommenen Zahlen 6, 28, 496 und 8128 bekannt. Sie spielten vor allem in der Zahlenmystik der Pythagoreer eine Rolle.

Der griechische Mathematiker EUKLID von Alexandria (* um 365 v.Chr., † um 300 v.Chr.) geht im neunten Buch der „Elemente“ auf die „Zahlen der Vollkommenheit“ ein.

Der Schweizer Mathematiker Leonhard EULER (*1707, †1783) erbrachte in Anlehnung an die Euklidischen Darstellungen den

Beweis dafür, dass eine gerade natürliche Zahl genau dann vollkommen ist, wenn sie in der Form

$$2^{p-1} \cdot (2^p - 1)$$

dargestellt werden kann und sowohl die Zahl p als auch der Term $2^p - 1$ Primzahlen sind.[74]

Für die erste und einzig gerade Primzahl p = 2 und für die zweite Primzahl $2^2 - 1 = 4 - 1 = 3$ erhält man mit

$$2^{2-1} \cdot (2^2 - 1) = 2 \cdot 3 = 6$$

die erste vollkommene Zahl 6, die hinsichtlich der Menge

$$T_6 = \{1, 2, 3\}$$

ihrer drei echten Teiler 1, 2 und 3, die definitionsgemäß kleiner als die Zahl 6 sind, in ihrer Summe

$$1 + 2 + 3 = 6$$

wiederum die Zahl 6 ergeben.

Aufgrund der Tatsache, dass analog zu den Betrachtungen im Kapitel 3.4 augenscheinlich wegen

$$1 + 2 + 3 = 1 \cdot 2 \cdot 3 = 6$$

sowohl die Summe als auch das Produkt der drei echten Teiler die Zahl 6 ergeben, kennzeichnet man die gerade natürliche Zahl 6 nicht nur als eine vollkommene oder ideale Zahl, sondern zudem auch noch als eine perfekte Zahl.

In der Abbildung 89 sind der Anschaulichkeit und Nachvollziehbarkeit halber in den Spalten mit der Kennung „Teiler“ jeweils die echten Teiler der ersten drei vollkommenen Zahlen 6, 28 und 496 aufgelistet, die in ihrer Summe die zugrundeliegende und grau unterlegte vollkommene Zahl indizieren. Dass die letzte Ziffer einer vollkommenen Zahl stets nur eine 6 oder eine 8 sein kann und augenscheinlich auch ist, kann als ein wei-

---

[74] Vgl. BROCKHAUS, Enzyklopädie in 30 Bänden, 21., völlig neu bearbeitete Auflage, Leipzig, Mannheim 2006, Band 29, Seite 225

teres Charakteristikum einer vollkommenen Zahl vermerkt werden.

Mit den vollkommenen Zahlen haben sich Mathematiker aller Epochen beschäftigt, worunter neben Leonhard EULER vor allem der französische Mathematiker, Musiktheoretiker und Paulaner-Mönch Marin MERSENNE (*1588, †1648) zu erwähnen ist.

In diesem Blickwinkel ist erwähnenswert, dass in der Zahlentheorie eine natürliche Zahl n in der Form

$$M_n = 2^n - 1$$

unter der Bezeichnung einer Mersenne-Zahl firmiert.[75]

Teiler	Reziprok	Teiler	Reziprok	Teiler	Reziprok
1	1,00000	1	1,00000	1	1,00000
2	0,50000	2	0,50000	2	0,50000
3	0,33333	4	0,25000	4	0,25000
6	0,16667	7	0,14286	8	0,12500
	2,00000	14	0,07143	16	0,06250
		28	0,03571	31	0,03226
			2,00000	62	0,01613
				124	0,00806
				248	0,00403
				496	0,00202
					2,00000

Abb. 89: Drei vollkommene Zahlen

Und worin besteht nun des Rätsels Lösung?

Des Rätsel Lösung ist für die drei in der Abbildung 89 vermerkten idealen Zahlen 6, 28 und 496 in den mit dem Etikett *Rezi-*

[75] Vgl. BROCKHAUS, Enzyklopädie in 30 Bänden, 21., völlig neu bearbeitete Auflage, Leipzig, Mannheim 2006, Band 18, Seite 290

prok versehenen Spalten jeweils im letzten und grau unterlegten Feld vermerkt. Es ist die erste und einzige gerade Primzahl, die Zwei.

Was in einem ersten Moment magisch, einzigartig und faszinierend anmutet, findet beim genaueren Hinschauen eine plausible und leicht nachvollziehbare Erklärung.

Im Unterschied zum eingangs vermerkten Begriff von einer vollkommenen Zahl, kann diese auch wie folgt definiert werden.

Eine gerade natürliche Zahl n heißt vollkommen, wenn die Summe der in der zugehörigen Teilermenge T_n erfassten Teiler das Zweifache der Zahl n ergeben. Ein Teiler ist dabei eine natürliche Zahl, durch die „eine zu teilende" Zahl n ohne Rest teilbar ist, worin trivialer Weise und in logischer Konsequenz auch die Teiler 1 und n eingeschlossen sind.

Für die gerade Zahl 28 ergibt sich in diesem Blickwinkel zum Beispiel das folgende numerische Bild: In der Teilermenge

$$T_{28} = \{1, 2, 4, 7, 14, 28\}$$

sind die fünf echten Teiler 1, 2, 4, 7 und 14, die definitionsgemäß allesamt kleiner als 28 sind, sowie der unechte Teiler oder Divisor 28, der mit der „zu teilenden Zahl", dem Dividenden 28 identisch ist, vermerkt.

Während die Summe der echten Teiler

$$1 + 2 + 4 + 7 + 14 = 28$$

die Zahl 28 ergibt, addieren sich alle sechs Teiler der Teilermenge zu einer Summe von

$$1 + 2 + 4 + 7 + 14 + 28 = 56 = 2 \cdot 28.$$

Dividiert man beide Seiten der Gleichung durch die Zahl 28, dann erhält man mit

$$\frac{1}{28} + \frac{2}{28} + \frac{4}{28} + \frac{7}{28} + \frac{14}{28} + \frac{28}{28} = 2$$

und

$$\frac{1}{28} + \frac{1}{14} + \frac{1}{7} + \frac{1}{4} + \frac{1}{2} + 1 = 2$$

ein Ergebnis, das zahlenmäßig sowohl mit den in der Spalte *Reziprok* vermerkten reziproken Werten der Teiler als auch mit der grau unterlegten Summe von 2 übereinstimmt. Diese elementaren und nachvollziehbaren numerischen Betrachtungen gelten auch für die restlichen drei vollkommenen Zahlen.

Der sprachgewaltige deutsche Dichterfürst Johann Wolfgang von GOETHE (*1749, †1832) hätte vermutlich auch die zweite vollkommene Zahl 28 mit einem besonderen Wohlwollen beäugt, zumal die 28 mit seinem Geburtstag und die letzte Ziffer 8 mit seinem Geburtsmonat August übereinstimmen.

5.2 Jubiläumsrätsel

Pythagoräisch

Drei zum Quadrat plus vier zum Quadrat ist …?

… natürlich gleich fünf zum Quadrat.

Das verbal gefasste Pythagoräische Zahlentripel, wonach

$$3^2 + 4^2 = 5^2 \text{ oder } 9 + 16 = 25$$

gilt, ist nach dem griechischen Mathematiker PYTHAGORAS von Samos (*um 580 v.Chr., † um 500 v.Chr.) benannt und beruht auf dem sogenannten Satz des Pythagoras, der einer der fundamentalen Lehrsätze der Euklidischen Geometrie ist. Seine adjektivische Etikettierung ist wiederum ein würdigender Hinweis auf den griechischen Mathematiker EUKLID von Alexandria (* um 365 v.Chr., † um 300 v.Chr.). Der Satz des Pythagoras kann im Hinblick auf die Abbildung 90 wie folgt zusammengefasst werden:

In einem rechtwinkligen Dreieck ist die Fläche des Quadrats Z über der Hypotenuse gleich der Summe der quadratischen Flächen X und Y über den beiden Katheten.

Während gemäß ihrem griechischen Wortursprung eine Hypotenuse die Dreieckseite ist, die „sich unter dem rechten Winkel erstreckt" bzw. ihm gegenüber liegt, kennzeichnen die beiden Katheten die Schenkel eines rechten Winkels, die sich jeweils „wie ein Senkblei" über dem rechten Winkel erstrecken.

Dass die Euklidische Geometrie durchaus auch erheiternde Seiten offenbart, sollen im Hinblick auf das Jubiläumsrätsel in der Abbildung 90 die nachfolgenden Betrachtungen belegen.

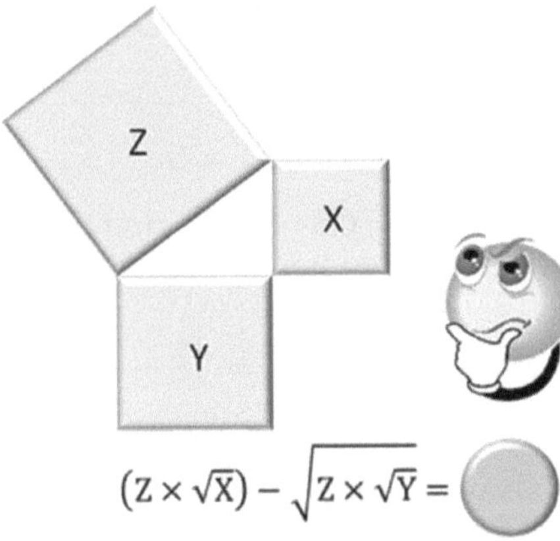

Abb. 90: Jubiläumsrätsel

Für diejenigen, die im Familien- oder Freundeskreis zu einem Jubiläum eingeladen und zugleich gebeten werden, einen kleinen individuellen Beitrag zur erheiternden Unterhaltung der geladenen Gäste zu leisten, kann das auf dem Pythagoräischen Tripel beruhende Rätsel eine hilfreiche Inspiration sein.

Im gegebenen Fall kennzeichnet augenscheinlich das Symbol X die kleinste quadratische Fläche, die wegen

$$X = 3^2 = 9$$

mit einer Seitenlänge von

$$\sqrt{X} = \sqrt{9} = 3$$

bemessen ist. Analog symbolisiert Y die zweitgrößte quadratische Fläche, die wegen

$$Y = 4^2 = 16$$

durch eine Seitenlänge von

$$\sqrt{Y} = \sqrt{16} = 4$$

getragen wird. Gemäß dem Satz des Pythagoras kennzeichnet Z eine Quadratfläche von

$$Z = 5^2 = 25$$

mit einer Seitenlänge von

$$\sqrt{Z} = \sqrt{25} = 5.$$

Schlussendlich ergibt sich eine wohl eher nicht zu erratende, dafür aber mit Gewissheit zu berechnende Jubiläumszahl von

$$25 \cdot \sqrt{9} - \sqrt{25 \cdot \sqrt{16}} = 75 - 10 = 65,$$

die selbst wiederum im Hinblick auf das eigene Pensionsalter keines weiteren Kommentars bedarf.

Wenn es allerdings noch eines Kommentars oder Hinweises bedarf, dann bestenfalls den, dass das Rätsel für andere feierlich zu begehende Jubiläen jederzeit modifiziert werden kann.

Schnapszahl

Was hat der Inhalt eines Schnapsglases
mit einer Schnapszahl zu tun?

Einiges … zumindest im Hinblick auf die Abbildung 91.

Das plakatierte und mit Zahlensymbolen belegte Schnapsglas nimmt wiederum Bezug auf die Abbildung 5 mit dem magischen Spielwürfel, der im Kontext des Null-Eins-Reims eingangs des Kapitels 2.1 hinsichtlich seiner ihm innewohnenden numerischen Informationen kurz erläutert wurde.

Deutet man den Henkel des Schnapsglases als ein schnapsglasspezifisches Nullareal, dann kann man mit

$$i = \frac{\pi}{4} \cdot \pi^2 \cdot (1 + \emptyset + e + \pi)$$

das „imaginäre" Volumen des Schnapsglases zumindest numerisch bestimmen. Unter der Prämisse, dass die indizierten Größen in Zentimetern bemessen sind, läuft der „imaginäre" Schnapsglasinhalt wegen

$$i = \frac{3{,}14}{4} \cdot (3{,}14)^2 \cdot (1 + 1{,}62 + 2{,}71 + 3{,}14) \approx 66\ cm^3$$

letztendlich auf Schnapszahl sechsundsechzig hinaus.

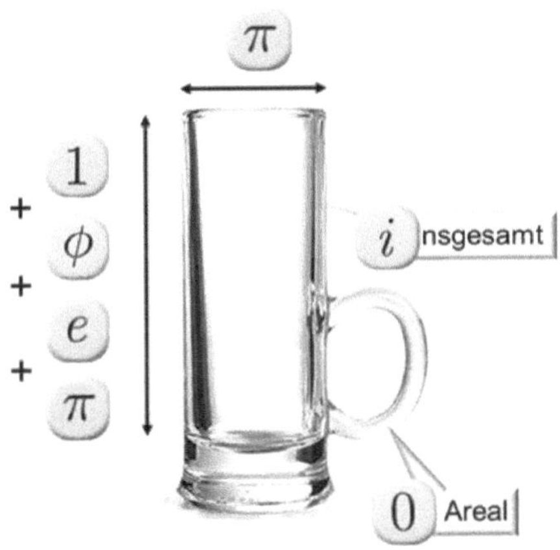

Abb. 91: Schnapsglas

Umgangssprachlich bezeichnet man eine natürliche Zahl mit gleichen Ziffern als eine Schnapszahl. In logischer Konsequenz muss eine Schnapszahl größer als zehn sein. Mit der Zahl 11 erfährt sie ihren ersten Auftritt unter anderem auch in einem Schnapsglas.

Man braucht dann nur noch das Gläschen mit einem „ganz besonderem Saft" zu füllen, anzustoßen, es genüsslich zu leeren und gemeinsam mit der Familie und den anwesenden Freunden das Lied anzustimmen, wonach das Leben „erst mit sechsundsechzig Jahren" beginnt.

5.3 Ein unlösbares Rätsel

Unlösbar

Die Quadratur des Kreises.

Die Quadratur des Kreises ist ein Problem der klassischen griechischen Mathematik, das darin besteht, allein mit Zirkel und Lineal einen Kreis in endlich vielen Schritten in ein flächengleiches Quadrat zu verwandeln.[76]

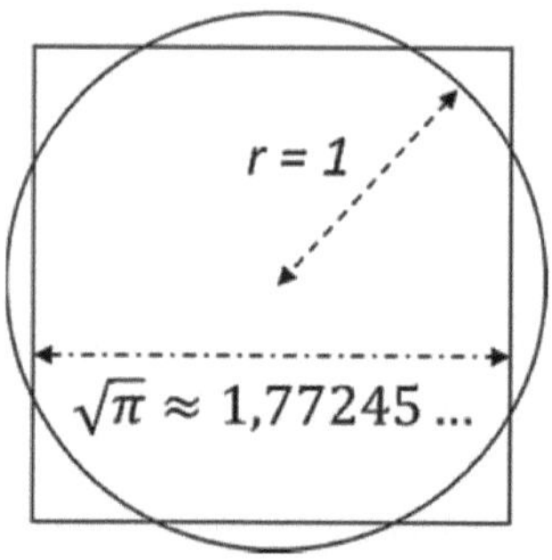

Abb. 92: Einheitskreis und Quadrat

Das Problem erfährt eine anschauliche bildhafte Darstellung in der Abbildung 92. Aus einem Einheitskreis mit einem Radius r = 1 und einer Fläche von

$$A = \pi \cdot r^2 = \pi \cdot 1^2 = \pi$$

gilt es ein Quadrat mit einer Seitenlänge von

$$\sqrt{\pi} = 1{,}77245385\ldots$$

zu konstruieren, dessen Fläche

$$A = \left(\sqrt{\pi}\right)^2 = \pi = 3{,}14159265\ldots$$

---

[76] Vgl. Kleine Enzyklopädie Mathematik, VEB Bibliographisches Institut Leipzig 1977, Seite 384 ff

ist. Beschränkt man die Quadratur eines Kreises auf die Konstruktionsmittel von Lineal und Zirkel, so ist die Aufgabe aufgrund der Irrationalität und Transzendenz der sogenannten Kreiszahl π (lies: *Pi*) nicht lösbar.

Die Charakteristik der Kreiszahl π als eine irrationale und transzendente Zahl wurde erst „neuzeitlich" mathematisch begründet.[77]

Es war im Jahr 1767, als der elsässische Mathematiker Johann Heinrich LAMBERT (*1728, †1777) nachwies, dass die Zahl π eine irrationale, also eine „mit menschlichem Verstand nicht fassbare" Zahl ist. Erst ein Jahrhundert später erbrachte im Jahr 1882 der deutsche Mathematiker Carl Luis Ferdinand VON LINDEMANN (*1852, †1932) den mathematischen Beweis ihrer Transzendenz, die in Anlehnung an ihren lateinischen Wortursprung eine Eigenschaft bezeichnet, die „alles sinnlich Wahrnehmbare übersteigt."

Die Quadratur des Kreises gehört ohne Zweifel auch heute noch zu den populärsten Problemen der Mathematik.

Die oft akustisch vernehmbare Redewendung von der „Quadratur des Kreises", ist als ein „geflügelten Wort" schlechthin zu einem Hinweis auf ein unlösbares Problem geworden.

Ein Verzeichnis unlösbarer Probleme wäre mit Gewissheit mit einem breitgefächerten Katalog vergleichbar.

---

77 Vgl. i) ECKSTEIN, Peter P.: Alea iacta est, Faszinierende Geheimnisse eines ungewöhnlichen Spielwürfels, UVK Verlagsgesellschaft mbH, Konstanz und München 2017, Kapitel 2.5 Die Kreiszahl π, Seite 50 ff und ii) POSAMENTIER, Alfred S. & Ingmar LEHMANN: π - A Biography of the World´s Most Mysterious Number, Prometheus Books, Amherst, New York 2004. Im Abschlusskapitel "Epilogue" wurde die Zahl Pi allein mit 1,24 Billionen Nachkommastellen „schwarz auf weiß" auf insgesamt 27 Seiten angeboten und abgedruckt.

Schlusswort

Das angebotene Sammelsurium von Sprichwörtern, Allegorien, poetischen Versen und Rätseln, die mit Zahlwörtern geschmückt sind, ist zweifelsohne noch durch eine Vielzahl weiterer Sachverhalte zu erweitern.

Die Intention der essayistischen Abhandlungen bestand einzig und allein darin, das oft verkannte und missachtete Erscheinungsbild von Zahlen mit anschaulichen Beispielen und paradigmatischen Erläuterungen sowie mit historischen und etymologischen Notizen etwas aufzupolieren.

Inwieweit dies mit den essayistischen Abhandlungen gelungen ist, bleibt dem kritischen Urteil des interessierten Lesers überlassen.

Abb. 93: Sonnenuhr

Der in der finalen Abbildung 93 vermerkte Sonnenuhr-Reim war von Anfang an ein motivierendes Leitmotiv für den Autor des vermutlich in einem ersten Augenblick etwas ungewöhnlich anmutenden Essays.

Index

H

S

W

Z